梁小民 著

经济学夜话

微观篇

生活·讀書·新知 三联书店

Copyright © 2022 by SDX Joint Publishing Company.
All Rights Reserved.
本作品版权由生活·读书·新知三联书店所有。
未经许可，不得翻印。

图书在版编目（CIP）数据

经济学夜话.微观篇/梁小民著.—北京：
生活·读书·新知三联书店，2022.5
ISBN 978-7-108-07373-0

Ⅰ.①经⋯　Ⅱ.①梁⋯　Ⅲ.①经济学－通俗读物
Ⅳ.① F0-49

中国版本图书馆 CIP 数据核字（2022）第 045838 号

责任编辑	徐国强
装帧设计	康　健
责任校对	陈　明
责任印制	卢　岳
出版发行	生活·讀書·新知 三联书店
	（北京市东城区美术馆东街 22 号　100010）
网　　址	www.sdxjpc.com
经　　销	新华书店
印　　刷	北京隆昌伟业印刷有限公司
版　　次	2022 年 5 月北京第 1 版
	2022 年 5 月北京第 1 次印刷
开　　本	635 毫米 × 965 毫米　1/16　印张 19.5
字　　数	262 千字
印　　数	0,001-8,000 册
定　　价	59.00 元

（印装查询：01064002715；邮购查询：01084010542）

目 录

序　言 　　　　　　　　　　　　　　　　　　　　　　　1

导论篇

卢旺达大屠杀与资源争夺——经济学中的稀缺性　　　　11
经济学的定义——经济学是选择的科学　　　　　　　　13
小朋友妙解机会成本——机会成本的含义　　　　　　　16
猎豹什么时候不追猎物？——边际收益与边际成本　　　18
宋太祖和岳不群的选择错在哪里？——选择的原则　　　21
男女在商场的习惯为何不同？——分工的意义　　　　　24
尼安德特人为什么会消亡？——贸易的重要性　　　　　26
制度减少了运往澳大利亚犯人的死亡率——制度决定的含义　28
制度是把双刃剑——没有完美的制度　　　　　　　　　30
假设、理论与现实——假设的意义　　　　　　　　　　33
经济学与数学——数学是经济学的工具　　　　　　　　36
统一、分裂、再统一——微观与宏观的关系　　　　　　39
经济学家最爱争论吗？——分中有合　　　　　　　　　43
为经济学帝国主义点赞——经济学的跨学科　　　　　　46

经济学是一门科学吗？——我的反思　　　　　　　　49
艰难的历程——经济学在中国之路　　　　　　　　52
经济学理论与政策的不一致——经济政策的复杂性　　55
经济学家不能治国——经济学与经邦济世　　　　　58
把经济学家拉下神坛——经济学家的作用　　　　　61
拿起经济学之剑——经济学的用途　　　　　　　　64
如何把一个鸡蛋的家当做大——经济学助你成功　　67
囚徒两难困境——博弈论的含义　　　　　　　　　69
美俄军备竞赛与巴以冲突——博弈中的合作　　　　72
人人为我，我为人人——利他与利己的统一性　　　75
一个"向钱看"的口号——钱不是"阿堵物"　　　　78
探春改革的成败——承包制只是改革的起点　　　　81
信任要打破圈子——经济以信任为基础　　　　　　84
四类物品各走各的道——市场与国家　　　　　　　87
人体器官不能交易——市场机制不是万能的　　　　90
华盛顿共识不是一般规律——市场经济的不同模式　93

微观篇

一条售价近亿元的鲨鱼标本——供求决定价格　　　99
从经济学看京剧的兴衰——京剧的供求　　　　　　102
为什么不生二胎——生孩子的经济学分析　　　　　105
英国商人的失算与汽车进入家庭——什么是需求？　108
多收了三五斗与谷贱伤农——需求弹性　　　　　　111
彩电由短缺到过剩——供给与供给弹性　　　　　　114
谁为奢侈品消费税付出代价——弹性与税收归宿　　117
解开吉芬之谜——需求曲线特例　　　　　　　　　120
楚王好细腰——消费时尚的形成　　　　　　　　　123

红旗车的悲剧——炫耀性商品　126

买涨不买落——需求与预期　129

电动剃须刀的出现——开发潜在需求　132

优步、滴滴的突破——技术推进市场化　135

心脏支架的大降价——价格竞争　138

经济学与人文关怀——该涨不涨也不对　141

价格可以禁烟禁毒吗——价格不是一放就灵　144

新冠疫苗的定价方式——政府定价　147

限制房租是摧毁城市的好方法——价格上限　150

蛛网理论与支持农业——稳定农业的意义　153

囤积居奇新解——投机的作用　156

买空卖空的奥妙——期货市场的作用　159

门庭冷落的高尔夫球场如何惨淡经营——固定成本与可变成本　162

王永庆的成功之路——规模经济　164

企业中的机会主义——委托－代理关系　167

来自托尔斯泰的经济学理论——X效率理论　170

郭士纳的"核动力"——股票期权　173

晋商的共享观念——身股制　176

周扒皮与王善人——效率工资　179

钱不是万能的——企业文化　182

不同的企业为什么竞争策略不同？——市场结构理论　185

汾酒不涨价的失误——市场结构与定价艺术　188

新奇士的启示——完全竞争转向垄断竞争　191

武林中的产品差别——垄断竞争市场及产品差别　194

品牌为王——产品差别的核心是品牌　197

炸油条就是创新——创新的含义　200

智猪博弈的启示——企业创新战略　203

为什么美国只有三家汽车公司——寡头市场　　206

欧佩克不再风光——寡头勾结的结果　　209

民航同机不同价——歧视价格　　212

是是非非话微软——垄断的利弊　　215

戴比尔斯公司为什么做广告——有保障与无保障垄断　　218

走出煤的阴影——产业结构转型　　220

冒险是经济进步的火车头——冒险的意义　　223

莎士比亚剧中的威尼斯商人——风险管理　　226

汽车保险是双赢的——保险理论　　229

卡内基和比尔·盖茨不给子女留遗产——工资与劳动供给　　232

做蛋糕与分蛋糕——生产决定分配　　235

漏桶效应告诉我们什么——收入不平等的原因　　238

让缺水的地方有水——正确的扶贫之路　　241

把漏桶补好——完善社会保障与福利制度　　243

全民福利行不通——福利国家的困境　　246

明星现象——高收入的市场决定　　249

学历改变命运——名牌大学学生收入高　　252

靓男俊女收入高——漂亮贴水　　255

身高与收入——身高也有贴水　　258

仇富心态是种社会病——仇富无益于共同富裕　　261

水浒好汉不能让社会共同富裕——劫富济贫是邪路　　264

当列车驶过农田时——外部性与市场失灵　　267

排污权交易的双赢——市场减排的作用　　270

政府定价也是价格手段——应对全球变暖　　273

灯塔经济学——产权问题　　276

圈地运动的意义——产权明晰　　279

人为什么爱赌？——人的非理性　　282

人类行为的非理性——行为经济学 285
道德风险与逆向选择——信息不对称的后果 288
东床坦腹的潇洒——发信号的方式 291
如何判断女士的年龄——信号筛选 294
老太太与上班族的不同买菜方式——信息搜寻的成本与利益 297
哈韦路假设的破产——公共选择理论 300
怪胎馒头办的设立——寻租理论 303

序 言

一

或许是经济学家给人们留下的印象不佳，或许是经济学家得罪了什么人，或许是经济学家的狂妄让人不快，不知什么原因，国外嘲讽经济学家的笑话特别多。有一则笑话说，某女士得了绝症，医生告诉她只能活两三年了。她问医生，如何能让我这两三年过得长一点。医生告诉她，找一个经济学家结婚。她问，经济学家有什么绝招吗？医生说，经济学家都教条而无趣。与他在一起，你度日如年，不就感觉活得长了吗？

我觉得这个笑话还是有点儿道理的。经济学来自丰富多彩的现实生活，但经过经济学家的蒸馏、提纯之后就把常青的生命之树变成了灰色的理论，干巴巴的一点儿生活气息也没有。再把这些极为抽象的道理用数学或严肃的文字写成书、讲给学生，就是既教条又无趣了。我从事经济学四十多年，深有这种感觉。满篇的数学公式、令人眼花缭乱的图表，加上干巴巴的解释，别说一般读者，就我们这样的专业人士也感到不幸上了贼船，只能走下去了。

其实经济学的教条和无趣并不是经济学的传统。亚当·斯密的《国富论》是对当时经济生活真实而有趣的描述，其理论是在这种观察的基础之上提出来的。文字也相当美，据说美国有的大学在英文课中还选读了《国富论》的片段。这样的经济学经典读起来是一种享受，在轻松的阅读中掌握了经济学的道理。可惜之后教条式写法愈演愈烈，强调了理论的逻辑性和严肃性，而忽略了趣味性。经济学引入数学之后，更为抽象，也更无趣了，以至于一般读者难以问津。"二战"后现代经济学中这种趋势一直在加强。现在不懂数学，无法学经济学。没有数学证明的文章被认为没水平，很难在一流学术期刊上发表。有些经济学家也认为这种方向不一定妥当，但为了显得有学术水平，却不得不这样做。再写出《国富论》那样的著作就不被看好了。仅有的例外大概是科斯，他的几篇有极大影响的文章都没有用数学，读来亲切，谁也不敢说没有学术水平。但其他人不用数学仍要受指责，甚至哈耶克的《通往奴役之路》因为通俗易读、十分畅销，也被指责为"浅薄"，弄得哈耶克先生后悔不已。

二

不过深知经济学真相的大经济学家还是有办法应对这种形势。他们在撰写学术论文时，重视了建模型、用数学表述与论证的做法，但在功成名就之后，仍然用通俗而有趣的文章著作介绍自己的经济学思想。他们在报刊上开设为一般读者而写的专栏，也从事于经济学思想的普及工作。弗里德曼的《货币数量论研究》《美国货币史》《消费函数理论》等都是一致公认的高水平学术著作。当然一般读者很难读下去，很难读懂。但他以后开专栏，又写了《自由选择》这样极为畅销的著作，介绍自己自由市场经济的思想，并以此书为蓝本拍了纪录片，在世界上影响相当大。现在除了专业人士，读他的学术著作的人不多了，但《自由选择》仍然为读者喜爱。

2018年诺贝尔经济学奖获得者之一诺德豪斯的《气候赌场》介绍全球变暖的原因、危害及解决方法，通俗而有趣。但这本书的结论是建立在他及耶鲁的同事所构建的综合的气候与经济模型以及相关的地区气候与经济模型之上的。这两个模型当然是数学化的。他的《变暖的世界》《管理全球共同体》《平衡问题》及其他文章介绍了这两个模型。有这两个模型做基础，《气候赌场》这样的畅销著作就无人敢说没水平了。但这本书并没有详细介绍这两个模型，所以可以写得通俗而有趣。

美国的许多经济学家都既重视符合目前学术标准的论文、专著，又重视写专栏与普及性经济学读物，他们的社会地位与声誉既来自获得克拉克奖或诺贝尔经济学奖，更来自为知名报刊撰写的专栏和畅销的经济学普及读物。克鲁格曼获得诺贝尔经济学奖是由于他对国际贸易理论的突破性贡献，建立了新国际贸易理论。但他真正在社会上如此有名气，还是由于他在各种著名报刊上的专栏，以及各种经济学普及读物，而了解他的新国际贸易理论及其贡献之伟大的一般读者并不多。20世纪90年代我在美国进修时常读他在报刊上的专栏文章，也买过他写的几本书。他是主张国家干预的新凯恩斯主义者，尽管对他的观点我并不是全部赞同，但他的文章写得观点犀利，文字优美，读起来令人兴奋，让人回味，又给人以启发。我想，如果本文开头那位垂死的女士嫁给克鲁格曼，她就会觉得生命太可贵了，读克鲁格曼的文章、著作，时间过得太快了。她会觉得受了那位医生的骗，经济学家也可以如此有趣！

三

20世纪90年代我在美国康奈尔大学进修，最大的感受就是不敢再言经济学。那时我主要是学习期货、期权市场理论，但许多论文以数学为主，尤其是期权市场的论文，我根本看不懂。文字写的结论懂了，但推理过程全用数学就一窍不通了。想去听研究生的宏观经济学课，但一看参考书全是数学，连教室都不敢去了。我读研究生时仅学过"高等数学"和"线性规划"这两门数学课，离读论文、专著的要求差得太远了。这时我深深认识到，在经济学的研究上我毫无前途，别说自己研究了，连读懂别人的研究成果都难于上青天。何况当年我已五十岁，再想刻苦去学数学也不可能了。

五十岁的年龄，离退休还有十年，如果退休后还老而不死，该以什么为生呢？当然，中国经济学还远远没有达到美国的水平，不懂数学也可以混下去。但总要找点自己有兴趣、社会又有需求的事情做做。我的数学不行，当钻研某个问题的"刺猬"没戏了。但我的一个优势是，读书的范围既杂又广，那就争取做一个涉猎广泛的"狐狸"吧。当然，做"狐狸"也不是去跨学科研究，而是从事普及经济学的工作。我认为，广大民众对现代经济学知之太少，社会上难免有一些不正确的认识。如某大报把河南邓州出现的远期交易（即先签约后交货）称为期货交易，把政府规定进口大片的票价称为宏观调控，把消费理论中的"生命周期理论"称为"生命循环理论"等。如果认真去学查找，这类错误比比皆是。大报尚且如此，百姓可想而知。所以，从美国回来后我在《读书》杂志发表过《重要的还是学习》和《普及经济学刻不容缓》，我也决心以普及经济学为己任。

除了校内的工作外，我在许多报刊开过专栏，为它们写通俗有趣的经济学文章，也经常到各地，在学校、机关、企业或其他场合介绍经济学。从2002年起，我在清华大学等二十余所高校为EMBA讲"管理经济学""宏观经济学"和"中国商帮文化"，以"管理经济学"为主。也仍在各学校和企业做各种讲座，包括读书的讲座。其间写过普及经济学的著作《经济学是什么》（北大出版社）、《寓言中的经济学》（北大出版社初版，东方出版中心再版）和《写给企业家的经济学》（中信出版集团）。这三本书在国内都多次重印或再版，也由台湾和香港出了繁体字版，《写给企业家的经济学》在台湾出版时还有一位管理学教授和四位企业家写的序言。《寓言中的经济学》国内有盗版书（我有幸购得一本），韩国出了韩文版。

2001年我为三联书店写了《微观经济学纵横谈》和《宏观经济学纵横谈》，这两本书香港、台湾都出过繁体字版，《微观经济学纵横谈》还入选"中国文库"。三联书店一直有再版这两本书的计划。

当然，这两本书是二十年前写的，今天有许多内容已经过时了，再版一定需要重大的修改、补充。于是我就想在这两本书的基础上重写一本。这就是这本《经济学夜话》的由来。

既然是重写，而不是原书的修改与补充，所以就有了新的写作计划。原来的《微观经济学纵横谈》和《宏观经济学纵横谈》共收文章114篇，这次的《经济学夜话》共200篇文章，且不是在原有的114篇之上加86篇，而是全部重写了。原来的文章有不少被删了，有的题目留下来，内容全变了，有的内容做了根本性改变，新书中没有一篇文章是原封不动地留下以前的文章。可以说，这本书是完全新写的。叫新书总不能把原来的书从冰箱里拿出来给大家吧？

《经济学夜话》共分四篇："导论篇""微观篇""宏观篇""史传篇"。"导论篇"共30篇文章，介绍经济学研究对象与方法，经济学中一些最重要的概念，如机会成本、边际、贸易等，以及有关经济改革的一些问题。"微观篇"介绍微观经济学的基本内容，包括这些年微观经济学的新发展，共70篇文章。"宏观篇"介绍宏观经济学的基本内容，包括经济政策与经济学家在理论与政策上的争论。宏观经济学是开放条件下的宏观经济学，因此增加了国际贸易与汇率的内容，共70篇文章。"史传篇"包括经济学家和经济史的故事，共30篇文章。

关于经济学家的故事，我写过一本《话经济学人》（中国社会科学出版社初版，东方出版中心修订再版）。《话经济学人》中已收入的文章，这本书一篇也没有用。这次全是新写的。关于经济史，我也写过一些文章，如收入《在经济与历史之间》（中国社会科学出版社）、《走马看商帮》（上海书店出版社）、《游山西·话晋商》（北大出版社）等书的文章，我也一篇没用，全是新写的。加这一部分是因为我觉得，经济学家的贡献与他的经历相关，他们的趣事，今天读来既好玩，也有趣。经济史是经济理论的验证，可惜现在学经济学的人不太重视经济史，加一些文章作为调味品也好。

特别要说明的是，这本书并不是全面、系统的教科书。有些文章之间有松散的联系，有些则没有。我的本意只是介绍一些重要的概念和理论及经济学知识，帮助你学习、理解经济学。对没有学过经济学的人来说，可以作为第一本入门读物，在此基础上再找一本系统的经济学教材来读读。如你可以读曼昆的《经济学原理》第八版（北大出版社），这是一本现在在世界上相当流行，且十分优秀的教科书。如果你正在学经济学，这本书可以作为辅助性读物，即我们一般说的"教辅"吧，帮助你理解所学的课程。对于经济学教师或研究人员，这本书讲的都是"小儿科"的内容，可以看看案例、故事，作为一种休闲。对企业家来说，则可以作为兼具知识性与趣味性的闲书。我希望这本书人人可以读，且读了有不同的收获，起码可以开心一笑，增加点儿知识。

本书追求有意义与有趣味。有意义就是读了以后有收获，对你做出大小决策有点儿帮助。有趣味就是读起来有意思、好玩，能吸引你读下去。

为了增加趣味性，每篇文章都用案例、故事，或者我经历过的事情来说明。特别要说明的，我用了自己亲身经历的事来说明经济学道理，是想告诉你，生活中处处有经济学。只要你留心，注意自己经历的事，一定也可以体会出其中的经济学道理。经济学并不神秘，就在我们每天的生活中。你这样去思考生活中的经济学，生活也会增加一点儿色彩。

四

这本书命名为"经济学夜话"，有点模仿当年罗斯福总统的"炉边夜话"。20世纪30年代美国经济大萧条，这时罗斯福总统上台。为了让民众有信心战胜大萧条，也为了让公众更加理解他的新政，他在电台开设了"炉边夜话"节目，与公众谈心，真切地向公众介绍他的认识与思想，这个节目吸引了广大听众，也鼓励了大家的信心，使公众支持其新政。用"夜话"聊天的形式是一种交流的好方式。现在围在火炉边取暖的方式已经没有了,但不在炉边也可以有"夜话"。用"夜话"的形式,我给你讲经济学的故事,我给你讲其中的经济学道理,让你体会、吸收,也是一种茶余饭后的享受。

你可以在夜深人静时,躺在床上看这本书。看一两篇书中的文章,然后进入梦乡。这本书的每篇文章都是独立的,都是一千五百字左右,讲一个经济学道理。你不用找整段时间读,什么时候有片刻空闲,就可以拿出来读。在机场、火车站,在乘坐公共汽车或地铁时,在工作之余的休息时间,在等朋友约会时,总之在一切零星的时间都可以读。我的一个学生告诉我,他把我的书放在卫生间,去卫生间时就可以读几篇文章。他觉得这是读这种书最有效的方式,只是对我有点儿"大不敬"。我说,无论放在什么地方,只要读就是对我的"大敬"。你把书放在红木书架上,动也不动,当神仙供着,这才是对我最大的"大不敬"。在什么地方读,什么时候读,都不重要,重要的是读。

有一点我也想强调一下,千万别一口气把这本书读完。一本书再好,连续读也会腻的。这是我的读书体会。我读香港作家董桥先生的书时,觉得写得真好,于是买了他不少书,一本接一本读起来。读着读着就觉得,如同吃东坡肉,开始觉得香,但吃多了就腻了。以后我就再不读董桥的书了。其实董桥的书慢慢读来,还是相当有味道的,文字水平也极高,但任何好东西都像东坡肉一样,不能连着吃。我的书远远不如董桥先生的,并不是一盘烧得有水平的东坡肉,一口气读完会适得其反。没有体会出其中的味道,就已经倒胃了。"夜话"是晚上读的,当然不能像读侦探小说一样要看到最后结局,找出隐藏的敌人是谁。有时间读一两篇,思考一下,细水长流,才是读这本书的好方法。

我的主要著作除了教科书和几本专著,都是普及经济学方面的。媒体称我为"大众经济学家"或"经济学中的流行歌手"。无论这种说法是褒我接近大众,还是贬我没有学术水平,我都不介意。我做自己喜欢的事,也认为这些工作是有益于社会的。我没什么大能耐,也不可能对经济学有什么开创性贡献,只要读者喜欢我的书,从中悟出了一些经济学道理,我就觉得自己的一生没有白过。至于这本书是否达到了有意义、有趣味的自我期许,还要读者朋友来点评。

三联书店是我几十年间的良师益友,整本书的写作得到了三联朋友的热心支持。我不会打字,只能交字迹潦草的手写稿,但他们欣然接受了。尤其对老朋友郑勇副总编和文化分社社长徐国强,我更是难以用一句简单的"谢谢"来表达。

希望听到读者朋友们的批评、指正。

导论篇

卢旺达大屠杀与资源争夺
——经济学中的稀缺性

我们许多人都看过反映卢旺达大屠杀的《卢旺达饭店》这部电影。1994年4月6日,卢旺达胡图族总统和布隆迪总统乘坐的专机在卢旺达首都基加利附近被击落,两位总统同时罹难。胡图人认为这是图西人所为,于是由胡图人组成的总统卫队杀害了图西人女总理和三名部长。接着胡图人的军队和民兵组织,甚至平民用大刀等原始工具屠杀图西人和同情图西人的温和派胡图人,在此后的三个月里,有80万—100万人被杀,200多万人逃亡。美国对此不闻不问,比利时撤走了部队,甚至联合国也撤走了维和部队。

为什么会发生如此惨烈的大屠杀?媒体认为种族屠杀当然是种族认同、文化及政治上的原因。种族屠杀一定是这些原因吗?德国社会学家李峻石(Günther Schlee)曾到索马里调查当地的种族冲突,并参与了这次冲突的国际协调工作。回来后他写了《何故为敌:族群与宗教冲突论纲》,在这本书中他提出,种族、宗教、文化、政治在冲突中都起了作用,但关键问题还在于对稀缺资源的争夺。

回到卢旺达大屠杀。比利时人用"以夷制夷"的方法统治卢旺达。他们扶植图西人统治胡图人,只有人口14%的图西人占有了绝大部分土地,而占人口85%的胡图人十分贫穷。独立后胡图人当选总统进行土地改革,把图西人的土地收回分给胡图人,引发图西人不满、逃亡,在国外组建反政府的"卢旺达爱国阵线"。这就引起胡图人和图西人争夺有限土地资源的冲突。独立后卢旺达人口迅速增加，人口与土地的矛盾更为尖锐，山上的土地都被开发，只留下山顶的几棵树。贫富之间的对立使以前零星的屠杀屡屡出现，这次总统之死则成为大屠杀的导火线。两个种族的冲突也一触即发。

美国等西方国家对卢旺达大屠杀无动于衷还在于卢旺达不产石油，也没有它们需要的各种稀有金属，卢旺达出产的咖啡和茶当时也供大于求。换言之，卢旺达缺乏西方国家所需要的资源。资源稀缺引发的两个种族的资源争夺正是这场大屠杀的根本原因。

这里要注意的是，经济学上所说的资源稀缺，或稀缺性，并不是指资源绝对量的多少，而是指相对于人类欲望的相对稀缺性。也就是说，人的欲望是无限的，原来的欲望满足了，又会不断地产生新的欲望，永远没有完全满足的时候，这正是我们常说的"人心不足蛇吞象"。但地球上的资源，无论有多少，相对于人无限的欲望总是不足的。这就是资源稀缺的含义。

不仅仅种族冲突，世界上各种矛盾与冲突最根本的原因正在于这种稀缺性。一位伟人说过，战争是经济的集中体现。这就是说，战争的根本原因在于经济，战争的目的是为了占有更多稀缺的经济资源。历史上哪次战争不是为了占有别国的土地、资源、财产和人口？"二战"中法西斯德国和日本都公开声称是为本民族争夺生存空间。这不就是用武力夺取别人的生存空间以及相关的经济资源吗？

所以，资源的稀缺性是所有时代一切社会都存在的基本问题。从人类进化的角度看，从南方古猿进化为直立人，从直立人进化为智人，都是稀缺性推动的。人类历史就是不断解决稀缺性的历史。

而面对资源的稀缺性，我们该做什么呢？

经济学的定义
——经济学是选择的科学

任何一门科学的产生都有其现实的需求。古埃及人丈量土地的需求产生了几何学,确定农业生产时间的需求产生了天文学。同样,解决资源稀缺性的需求产生了经济学。

历史上不同时期的经济学家给经济学下过不同的定义。

英语中"经济"(economy)这个词来自希腊文"oikonomos"。这个希腊文的词最早出现在色诺芬的《经济论》中。色诺芬是苏格拉底的弟子。他反对雅典民主政治,拥护斯巴达贵族统治。他在公元前401年以希腊雇佣军的身份参加了波斯王子小居鲁士与其兄争夺王位的战争。失败后投靠斯巴达王,在奥林匹亚附近得到一块土地,过着"采菊东篱下"的日子。《经济论》正是他管理农场经验的总结。在此书中,他指出"经济"的原意是"家什管理",是"对家庭事务的管理,特别是指家庭收入的供应和管理",是"管理家庭的智慧"。《经济论》一书的副标题是"关于财产管理的讨论"。他对这一论题的结论体现在这样一段话中:"财产管理是一门学问的名称;这种学问好像是人们能够用以增加财产的,财产似乎就等于一个人的全部所有物;我们还说财产是对于维持生活有用的东西。"这说明色诺芬的经济学是研究家庭财产增加的。这可以看作最早的经济学定义。

中世纪对经济学的看法散见于许多著作之中,更多是对个别问题，如财产、利息、价格等的论述。在亚当·斯密之后才形成经济学。许多经济学家把经济学定义为研究财富生产与分配的科学。剑桥学派经济学家马歇尔在《经济学原理》一书中把经济学定义为"一门研究财富的学问，同时也是一门研究人的学问"。在解释这句话时，他指出："政治经济学或经济学是一门研究人类一般生活事务的学问，它研究个人和社会活动中与获取和使用物质福利必需品最密切相关的那一部分。"看来还是和色诺芬一样，以财富为中心。其他经济学家则具体化为研究财富的生产与分配，定义大同小异。

英国经济学家莱昂内尔·罗宾斯认为，把经济学定义为研究物质福利的学问并不能完全展示经济学最重要法则的范围与意义，因此在《经济科学的性质和意义》一书中，他从稀缺性出发给经济学下了定义："经济学是把人类行为当作目的与具有各种不同途的稀缺手段之间的一种关系来研究的科学。"以后的经济学家把这句话说的意思更简单明白地总结为一点就是，经济学是一门选择的科学。现在经济学家都接受了这个定义。

这就是说，人的欲望是无限的，但有轻重缓急之分。美国心理学家马斯洛在其名著《动机与人格》中提出的需求五层次论正是说明了欲望的重要性层次。同时，同样的资源可以满足不同的欲望。比如同样的土地可以种粮食或盖房满足人的基本生理需求，也可以建高尔夫球场满足人享受的需求。选择就是用既定的资源来满足人的哪一种欲望。经济学家把选择概括为生产什么、如何生产和为谁生产三个问题。经济学正要说明选择的基本原理。

每个社会和每个人都面临稀缺性，因此都必须做出选择。美国经济学家萨缪尔森把社会面临的选择概括为大炮与黄油之争。是多生产大炮以增强国家的防御能力呢，还是多生产黄油以提高人民的生活水平？我们也可以用事业（或金钱）与休闲之争来概括每个人的选择。

经济学之所以必要，就在于社会或人会由于违背了选择的基本原则而做出错误的选择。苏联在计划经济体制下选择多生产大炮而减少黄油，结果苏联看起来强大到可以和美国抗衡，但人民生活水平长期上不去，这正是苏联解体的重要原因之一。北宋时期皇帝选择多生产黄油少生产大炮，结果人民日子好了，国防太弱，最后被金所灭。这两种错误的选择都给社会带来了灾难。

个人做出错误的选择也不罕见。《笑傲江湖》中的岳不群以当武林盟主为唯一目标，失去了爱徒、妻子、女儿与朋友，甚至毁坏了自己的身体，还有什么幸福可言？同样，我们见到有一些企业家为了事业成功，放弃了包括休闲在内的一切，结果英年早逝。

经济学作为选择的科学就是要告诉一些决策的基本原则，让社会和个人在决策中少犯错误。从这种意义上看，经济学配得上是"社会科学皇冠上的明珠"。

选择的基本原则是什么呢？先来看选择的成本和收益。

小朋友妙解机会成本
——机会成本的含义

我把自己写的《寓言中的经济学》送给一个朋友的女儿。过了一段，他兴奋地告诉我，他上小学六年级的女儿读懂我的书了。我问他，如何证明。他说他问了女儿一个问题，什么是机会成本？他女儿回答，我暑假有一个月想去奶奶家，去奶奶家就不能去姥姥家。去奶奶家的机会成本就是不能去姥姥家。

多聪明的孩子（后来她考上了北大计算机系），用一个简单的例子就把许多人觉得十分难理解的机会成本解释清楚了。

经济学家讲成本是指机会成本，他们给机会成本下的定义是：为了得到某种东西所必须放弃的其他东西。我们许多人在思考问题时，只考虑自己实际支出的钱，并把它作为成本，而没有考虑为此而放弃的机会成本。比如许多人在决定是否考研时，只考虑研究生期间实际要花的钱，而没有考虑考研放弃工作而放弃的收入。比如，如果本科毕业去工作每年收入可以有10万元，三年30万元。考研的话，这笔收入就没了，这比上研究生的支出大多了。不考虑它，岂不低估了读研的成本？

在经济学中，机会成本是一个极为重要的概念，我们在决策时比较收益与成本用的就是机会成本，而不是实际支出。

对机会成本这个概念，我们要注意两点。第一，有些机会成本可以用货币来计算并表示，如读研放弃的收入，有些则不行，如一心忙于事业忘了对家庭、儿女的关心，而造成的亲情损失。第二，只有资源在有另一种用途时，才有机会成本。比如，如果本科毕业后找不到令你满意的工作，读研就没有机会成本。

机会成本对我们的决策至关重要。美国 NBA 球员罗德曼上高中时不仅球打得好，而且学习也好。他毕业时许多名牌大学都愿以提供全额奖学金接收他。但他放弃上大学去 NBA 打球。这是因为，他上大学不用花钱，可以说实际支出一点也没有。但他上大学的机会成本太大了，他在 NBA 打球一年收入最少也在 100 万美元以上，如果上大学四年，就要放弃最少 400 万美元的收入，而且大学毕业后，NBA 也不可能要他了。在做这种决策时，他考虑的不是实际支出，而是机会成本。后来他成为 NBA 著名球星，收入远大于每年 100 万美元，远高于他上名牌大学能从事的任何一项工作的收入。况且打篮球是他的所爱。赚大钱而从事自己最爱的事，岂不是人生最明智的选择？

我们都注意到，尽管国家放开了二胎的限制，许多人，尤其是女士，顶住双方家长的压力、诱惑，坚决不生二胎。不知他们是否意识到，他们是在根据机会成本选择。对他们来说，生孩子的实际支出无所谓（何况还有双方父母的坚强支持），但生孩子要放弃的东西太多，事业上难以长进，还要放弃许多本该有的享受，比如，与家人或朋友外出旅游，参加各种开心的活动，更不用说抚养孩子会让自己变胖变老，过快地失去青春年华。所放弃的这些不正是我们说的机会成本吗？

机会成本说起来太抽象，但我们每天不都在无意识地根据它来决策吗？知道了这个概念的含义，你的选择会更明智，不要怕经济学抽象，那些抽象的概念、理论，都是从你的生活实践中抽取出来的。

猎豹什么时候不追猎物？
——边际收益与边际成本

动物行为学家观察到，在非洲大草原上有时猎豹追了一段猎物后，突然停下来不追了。这是为什么？是它不太饿，还是疲劳了？经济学家给出了另一种解释。猎豹计算过，它再追下去增加的体力消耗要大于它吃掉这个猎物增加的营养。这就是说，它再追下去的边际成本（增加的体力消耗）大于边际收益（增加的营养），所以它选择放弃。

当然，我们不知道猎豹在决定放弃时是如何想的，它肯定没有边际成本、边际收益这类概念。不过它放弃猎物的选择与我们的分析一致。也许它这种出于本能的选择是无意识地运用了经济学思维方法。正如一个大字不识的农民也知道在价格高时把自己的菜卖出去，而价格低时先留一留。

我们这里要说明的是，人根据收益与成本的比较做出选择。经济学家在用这个原则时是用边际量，即边际收益、边际成本。别觉得"边际"二字有什么神秘，你就把它简单理解为"增加的"好了。所以我们做出选择的原则一定是这个选择的边际收益大于边际成本，至少边际收益等于边际成本才行。如果所做的选择是边际收益小于边际成本，那就连猎豹也不如了。

边际收益变动的规律是先增加而后递减，由于边际收益递减实际上更加重要，所以边际收益变动的规律就称为边际收益递减规律。

收益不要仅仅理解为可以用货币衡量的。在讲消费时，收益就是效用，效用是消费一种物品给我们带来的满足程度。这时边际收益递减规律就成为边际效用递减规律。消费某种东西刺激了我们的感官，让我们兴奋，这就是满足，就是效用，但不断地刺激，就像巴甫洛夫的狗一样，感官的兴奋减少，就是效用递减了。夏天你一根冰糕接一根吃下去，肯定会感觉到增加的满足，即边际效用，在递减了。

收益当然也可以是实际的产量，这时就是边际产量递减了。1958年时提倡密植，但种得太密了，小孩都可以躺在上面，这时增加的产量，即边际产量肯定递减，甚至为负了。

边际成本变动的规律是先减少而后增加，由于边际成本递增实际上更加重要，所以边际成本变动的规律称为边际成本递增规律。再强调一次，这里所说的成本是机会成本。

这一点在农业中最明显。在实现了一定亩产量后，要再增加产量，就要有更多的投入，如更多的化肥与劳动等。这一规律在工业中也同样存在，要增加更多产量，机器磨损更大，劳动投入也更多。其实你在生活中也可以体会到这一点。你希望把学习成绩提高一个层次，比如使从80分到100分，所花的功夫就比从60分到80分时大。同样，你想把打高尔夫球的记录从100杆进步为90杆，就比从110杆到100杆要付出更多汗水。

所以做出正确选择的原则就是所做出选择的边际收益至少等于边际成本。当然是边际收益比边际成本越多越好。做出边际收益小于边际成本的选择就是非理性的。这个原则说来简单，但在现实中要做到还真不容易呢！

猎豹不追猎物告诉我们，边际收益、边际成本这些它们在决策中的原则，并不是经济学家编造出来的，而是对人类，甚至动物行为规律的一种总结。把我们不自觉地遵循的原则总结出来，表述为一些概念和理论。人或动物按这些规律行事并不是因为他们学了经济学，而是一种本能的反应。这正如蜜蜂建造六边形蜂窝，也不是因为它们学了建筑学,而是本能的反应一样。这就像我们许多人没学过经济学但也遵照经济学总结出的规律行事一样。因此可以说,先有人们行事的实践才有经济学。动物与人有同样的本能,所以用经济学分析它们的行为就能更深刻地认识它们的各种行为。

　　经济学并不神秘。连猎豹也按经济学规律行事,况且我们人呢!

宋太祖和岳不群的选择错在哪里？
——选择的原则

宋太祖选择了要黄油不要大炮，岳不群选择了以武林盟主为人生唯一的目标。结果北宋在繁荣近二百年后被金消灭了。岳不群众叛亲离结束了自己悲惨的一生。他们的选择错在哪里？

选择了一个目标有收益，也就是可以满足某些需求，带来好处。但资源有限，实现所选择的目标要放弃其他目标，即放弃实现其他目标的资源，这就是选择的成本或代价。根据成本-收益的原则，所选择目标的收益应该大于选择的成本，起码应该等于成本。如果所选目标的收益小于成本，这种选择就是非理性的，或者说错误的。

只选择一个目标，还要考虑边际收益和边际成本。正如上文中所说到的，边际收益是增加的收益，边际成本就是增加的成本。这两者变动的规律是边际收益递减与边际成本递增。用在选择的目标上，就是一种目标的实现所带的增加的收益是递减的。但实现这一种目标所增加的成本是递增的。这个规律的存在是因为一个目标的实现中所带给人们的满足程度在递减，而把适于一种目标的资源用其他不适于这一目标的资源去实现这个目标，效率下降成本增加。用在社会选择的例子上就是黄油增加给人民带来的满足程度，即边际收益在递减，而把适于生产大炮的资源用来生产黄油效率下降，即边际成本在递增。用在个人选择上也是一个目标带来的边际收益在递减，而用于实现这个目标的边际成本在增加。所以，社会的选择要兼顾大炮与黄油；个人的选择，即人生的目标应该多元化，既有事业成功，又有家庭幸福，不能偏废。

宋太祖自己是靠军事政变上台的，他当权后就特别害怕军官们有了实力也向他学习。所以在一建国就定下重文轻武的基本方针。他搞"杯酒释兵权"，让一批有丰富军事经验的老军人不再掌军权，把兵权交给一批完全不懂军事的文人。不重视军队建设，也不重视武器装备的改进，基本不生产大炮。其实北宋是中国历史上科技发展的高峰。如果把这些技术用于军备生产，北宋的武装力量就可以笑傲群雄。北宋对火药的发明应该给军事带来一场革命性的转变，但实际上当时火药仅用于做爆竹，给新春增添一点儿欢乐的气氛。

不生产大炮只生产黄油给人民带来了幸福吗？从《清明上河图》和孟元老的《东京梦华录》及其他史料看，北宋人民的确有一段日子过得不错，但北有辽和金，西有西夏，这些政权都不是省油的灯。在强敌环伺的局势下，靠求和，靠送礼给强敌，这种和平安详的局面又能维持多久？即使在安定的时候，北方边境也常遭强敌入侵，被烧杀抢掠。以一部分人受苦受难换取其他人的暂时安宁，是社会福祉的最大化吗？更别说，这种局面还被金人的入侵所打破，只有迁居南方。多亏当时金人没有水军，否则连这块暂安之地也没了。况且这种只生产黄油不生产大炮的政策，也使南宋被元所灭。只有黄油没有大炮的选择并不是社会福祉最大化的选择。

《笑傲江湖》中的岳不群以当武林盟主为唯一目标，为此付出了极大的代价，自己身体受到摧残，已不是个正常人了。爱他敬他的大徒弟令狐冲、他的妻子儿女、众华山派英雄都弃他而去。其恶劣品质为武林中人不齿，即使当了徒有其名的武林盟主，又有什么幸福可言？

也许有人会认为，也难怪他们，当时并没有你讲的经济学啊！经济学是亚当·斯密之后才成体系的，选择及其原则的理论出现也不过一百多年，但现实中是先有人们的实践再有经济学，才总结抽象出这些规律的。在经济学产生前许多年，古埃及人、古希腊人、古罗马人，甚至苏美尔人和我们的先祖早就在自觉或不自觉地按我们以后总结出来的经济学规律行事了。汉文帝、汉景帝懂自由放任经济学吗？但他们的无为而治却造就了文景之治。唐太宗懂全球一体化和开放的重要性吗？但他的开放促成了贞观之治。楚留香懂经济学吗？他不也妥善地处理了事业与家庭兼顾的矛盾吗？懂经济学不见得能做出正确的选择，不懂经济学也不见得总是做出错误的选择。如今的不少企业家都熟知经济学，不也选择了为事业把生命搭上了吗？不少根本没学过经济学的人，不也既有一定的事业又有温暖的家庭和朋友吗？

当然，我们决不是认为经济学无用。经济学把人们生活的经验总结出来上升为理论。你学习了，明白了这些道理就可以更自觉地按经济学的规律做出选择，不会撞了几次南墙之后才恍然大悟。但这种通过试错法找到正确选择的代价毕竟太大，用经济学的思维方式武装我们的头脑，并用之于日常的选择中，会使我们更幸福。这正是萧伯纳说的：经济学是一门使人幸福的艺术。

男女在商场的习惯为何不同?

——分工的意义

大家都知道,男女在商场的习惯是不同的。男士去商场早已确定了要买什么,一进商场就直奔卖自己所需物品的地方,买完就走了。女士去商场往往并没有什么既定的目标,而是随意到处逛逛,看见自己中意的就买下来。

据人类学家考证,这种习惯来自远古。在人类早期狩猎-采集时期,人们根据自己的体能和特点形成一种自然分工——男子狩猎,女子采集。男子出去是有目的的,比如想猎杀一只熊,于是来到熊常出没的地方,猎到就回去了。女子出去没什么具体目标,到处走走,找到能食用的水果、植物再回来。在长期的演变过程中,这种最初的习惯在基因中留下来,作为一种本能,形成无意识的习惯。

人类这种出于本能的分工是生存的必要。有分工就有贸易,男士把捕到的野兽肉分给女士吃,女士把采摘到的果子分给男士吃,这就是最早的物物交易。随着人类进入农业社会,出现了手工业、商业与农业,以后出现了宗教、国家,又有了专职的教士与国家管理人员,分工越来越细,也越来越复杂,男女之间出现了男耕女织的分工。这使贸易体系不断扩大,直至今日的全球化。亚当·斯密在《国富论》一开始就指出:"劳动生产力上最大的增进,以及运用劳动时所表现的更大的熟练、技巧和判断力,似乎都是分工的结果。"分工极大地提高了效率。他以制针厂为例,在有分工时,每人每天可生产4800枚针，而没有分工一个人独自制针时，充其量生产20枚针。每个人的才能特长是不同的，让每个人从事自己最擅长的工作，即使没有工具的进步，生产率也大大提高了。而使这种分工可以有益于每个人的就是贸易。亚当·斯密也充分认识到贸易的好处。他说："如果购买一件东西所付出的代价比在家里生产所付出的代价小，就永远不要在家里生产，这是每一个精明的家长都知道的准则。裁缝不想制作他自己的鞋子，而向鞋匠买。鞋匠不想缝制他自己的衣服，而雇裁缝缝制。农民不想缝衣，也不想制鞋，而宁愿雇用那些不同的工匠去做。他们都知道，为了他们自身的利益，应当把他们的全部精力集中使用到比邻人有优势的方面，而以其生产的部分物品或者说是以部分物品的价格，购买他们所需要的其他任何物品。"

　　这个原理对我们做出选择至关重要。比如，网球名将塞雷娜·威廉姆斯无论打网球还是剪草坪效率绝对高，她不但能在温布尔登网球场上夺冠，也能在两小时内剪完自己的草坪。她的邻居玛丽小姐打网球、剪草坪都不行，剪完威廉姆斯家的草坪要四小时。但威廉姆斯拍广告片两小时可赚3万美元，玛丽则无事可做。这样，他们两人交易，威廉姆斯雇玛丽剪草坪，给她50美元。威廉姆斯省下时间可去拍广告，这样，威廉姆斯赚了3万美元，玛丽也赚了50美元，岂不皆大欢喜？

　　其实，夫妻双方按各自的特长分工从事不同的家务工作，既实现了共同做家务的平等，也可以更快做完家务，这才是和睦家庭之道。

　　分工与贸易的应用极为广泛，我们会在以后相关的文章中一一道来。

尼安德特人为什么会消亡？
——贸易的重要性

大约七万年前,当现代智人从非洲出发,经过中东来到欧洲时,尼安德特人已在这里生活了二十多万年。从考古发现看,他们大体上和现代智人一样,且脑容量比智人还大。他们与智人共同生活了一万年左右,且有了混血的一代。如今欧亚人基因中有1.5%—2.1%来自尼安德特人。但为什么在三万年前左右,他们从地球上彻底消失了？

这个问题一直是古生物学家、考古学家、历史学家讨论的热点之一,出现了许多不同的看法。经济学家也不甘寂寞,加入了这场讨论。英国《经济学人》杂志2005年4月7日的文章《有人类经济学吗？》介绍了经济学家肖格瑞关于这一问题的观点。

肖格瑞认为,尼安德特人消亡并不是现代智人大规模屠杀他们的结果,而是他们缺乏分工和贸易。有些古生物学家提出,尼安德特人没有分工与贸易的原因在于尽管他们可以讲一些极为简单的话,但由于发音器官发育尚不完全,这些语言难以实现他们之间充分的交流与合作。有证据表明,现代智人的分工与贸易早在四万年前就产生了。有些石器工具并不是用本地材料制成的,太平洋上有些岛屿上的黑曜石(火山喷发后形成的岩石,极为坚硬,可作为制作石器的工具或石器)已经出口。在远离海边的地方发现了贝壳饰品。我补充一点,有些专家推测,红山文化、良渚文化的玉器、原料也从较远的外地而来。这些说明，大约四万年前，智人已有了远距离交易。正是分工与贸易的优势使现代智人生产率与经济发展远高于尼安德特人。

肖格瑞及其同事还建立了一个计算机模型，解释现代智人的优势。这个模型力图包含每个人种的相关变量，包括出生率、死亡率、狩猎效率、每个人种中熟练与不熟练猎手的数量、制造武器这类物品的技能水平，以及专业化与贸易的能力。这个模型假设，初始时尼安德特人和现代智人在大多数属性上有相同的能力，因此让这两个人种的这些变量值相等，只是在分工和贸易上现代智人具有优势。这个模型特别假定，现代智人中让效率最高的猎手专门从事狩猎，效率不高的猎手制作标枪或从事做衣服和制造工具这类活动，然后猎手与工匠贸易。根据这个模型，这种分工与贸易使每个现代智人得到更多的食物，这又提高了出生率，从而使人口增加。由于当时肉食的供给是有限的，现在智人得到的多了，留给尼安德特人的就少了，从而后者的人口不断减少，直至最后整个人种灭亡。

这个模型是建立在许多假设条件之上的，所得出的结论证明了分工与贸易的重要性。当然这并不能是普遍接受的定论。由于年代极为久远，证据不足，很难有哪一个结论成为定论。但从现在的考古发现看，的确已发现现代智人的贸易证据，有贸易自然会有分工。但到目前为止还没有发现尼安德特人分工和贸易的证据。

对尼安德特人灭亡的解释没有定论，但对分工与贸易重要性的看法已成为铁板钉钉的定论。

制度减少了运往澳大利亚犯人的死亡率
——制度决定的含义

1770年，英国船长库克率领的船队来到了澳大利亚，随即英国政府宣布澳大利亚为其领地。开发澳大利亚的事业开始了。谁来开发这个不毛之地呢？当地的土著居民人太少，只能靠移民。当时英国人主要向美国移民，没人愿意去澳大利亚。于是政府就把判了刑的犯人向澳大利亚运送。这既解决了英国监狱人满为患的问题，又给澳大利亚开发送去了劳动力，可谓一举两得。

运送犯人的工作由私人船主承包，政府按上船的人数付费。船主为了赚钱尽量多装人，船上拥挤不堪，且犯人营养和卫生条件极差，死亡率高。据英国历史学家查理·巴特森写的《犯人船》一书记载，1790—1792年，运送犯人的船共26艘，共装4082名犯人，死亡498人，平均死亡率为12%。其中一艘名为"海神号"的船装人424名，死了158人，死亡率高达37%。这么高的死亡率不仅导致经济上损失巨大，而且在道义上也引起社会的强烈谴责。

当时有人建议，让牧师去唤醒船主的仁爱之心，善待犯人。但对船主来说，金钱比上帝的教导更现实。还有人建议政府派官员去船上监督船主的行为。但这样做不仅成本高，而且官员也有可能被船主收买或威胁。英国政府并没有接受这些建议，而是改变了原有的付费制度，不再按上船人数付费，而按实际到澳大利亚的人数付费。

这种付费制度的改变马上见效。船主不再尽量多装人了，而是改善了营养与医疗条件。船主认识到这些犯人是他们的财神，多活一个人就多赚一份钱，谁会苛待自己的财神呢！于是死亡率大幅度下降。据《犯人船》记载，1793年是新制度实施的第一年，这一年有三艘船到达澳大利亚，在422名犯人中仅死了一人。以后这种制度坚持了下来，运往澳大利亚犯人的死亡率总体上在1%—5%之间。私人船主的贪婪本性并没有改变，政府也不用派官员去监督，简单的制度改变就解决了这个问题。

这正是制度的重要性。哈耶克曾经说过，一种坏的制度会使好人做坏事，一种好的制度会使坏人做好事。人性的利己其实有两面性，它可以鼓励人为实现自己的利益而奋斗，也可以诱惑人去做各种坏事，关键看制度如何引导。制度并不是要去改变人利己的本性，而是要引导这种无法改变的利己之心去做利国利民的好事。亚当·斯密在《国富论》中说："我们每天所需的食料和饮料，不是出自屠户、酿酒家或烙面师的恩惠，而是由于他们自利的打算。我们不说唤起他们利他心的话，而说唤起他们利己心的话。"市场经济中的公平交易制度正是引导利己的面包师提供好面包、利己的酿酒师提供好酒的制度。

当然，我们并不是说道德教育不重要，也不是说政府可以无为而治。这些对市场经济的正常运行都是必不可少的。而且制度要和道德教育与政府监管结合在一起，才能发挥更好的作用。

写到这里我想起了长期以来难以解决的酒驾问题。前几年政府制定了严厉的酒驾惩罚制度，并对酒驾的名人按规定进行了惩罚，这表明了政府实行这一制度的决心与力度，酒驾之风得到抑制。现在尽管还有人酒驾，但据交通部门统计，与过去相比少多了。讲多少次酒驾危险不如严惩有用。

要使市场经济正常运行，我们必须建立各种制度。美国经济学家诺斯所讲的经济增长的"路径依赖"正是制度依赖。这些年来我们的市场经济有序运行，经济保持增长态势正与政府各种制度建设的完善密不可分。这正是市场经济社会也是法治社会的含义。

制度是把双刃剑

——没有完美的制度

20世纪60年代,美国国会立法要求汽车必须加装安全带,司机开车必须系安全带。这个制度使每次死于车祸的人少了,但由于有安全带,司机开车更快、更不谨慎了,所以车祸的次数增加了,行人死亡人数增加了。

一种以保护行车安全为目的的制度为什么有这样的结果?制度的目的是给人以刺激,以便引起合意的结果,但当人们从自己的利益出发对这种制度做出反应时,其结果可能是合意的,也可能是不合意的。同样的制度可能引起不同的结果,说明制度是一把双刃剑。

安全带的例子与经济学关系不大,我们举一个最低工资法的例子。最低工资是政府规定的企业向工人支付的每小时最低工资。这个制度在美国各州、欧洲和其他地方都在实施,无非各地经济发展水平不同,最低工资标准不同而已。

这项制度的目的是保护低收入工人的利益,让他们无论做什么工作都可以得到足以维持生活的收入。在不熟练工人市场上,有大量文化水平低、技术水平低的穷人和移民,而劳动市场上由于技术进步,对这类工人的需求逐渐减少。这样供大于求,市场均衡时工人得到的工资极低,甚至无法维持温饱。最低工资法的确保护了这些不熟练工人的利益,有利于社会公平。

但这绝不是这种制度的唯一结果。社会上其他人对这项制度做出的反应就未必会引起合意的结果了。先来看企业。是否用机器代替工人取决于成本。如果工资低，企业就会用劳动替代机器，工人的就业增加；如果工资高，企业就会用机器替代劳动，工人的就业减少。同时最低工资法吸引了更多的人进入这个市场。在这些新进入者中，最主要的是学生。一些学生家庭不贫穷，在有最低工资时，他们进入劳动市场给自己赚点零花钱。另一些学生是家境不好的，在有最低工资保护时，他们就辍学进入劳动市场了。这两部分人年轻、体力好，更受雇主欢迎，也更容易就业。这样，原来在这个市场上的不熟练工人的工作机会少了，失业增加了。而且，非法进入的移民并不受最低工资保护，企业为了节省成本就用非法移民来替代原有的工人。这更加剧了原来市场上不熟练工人的失业。

还有一个结果就是，不熟练工人在收入低的时候就会自愿进入各种文化技术补习班，提高自己的技术水平。这会使他们的工资增加、生活状况改善。尤其对不熟练工人中的年轻人，这一点特别重要。现在有了最低工资的保护，他们这种上进心也就没了。这就使他们失去上升的机会，总是处于贫穷状况。

现在来看这种制度的效果。本来想保护的是不熟练工人。原来有工作，而且在最低工资实施时仍能保住工作的不熟练工人，的确受到了保护。但在最低工资法下，被机器替代、被学生替代、被非法移民替代的不熟练工人就失去了工作，成为失业者。在受最低工资保护的人中，那些家庭优越，只想赚点零花钱的学生本来是不该受到保护的，但现在他们也搭便车，受到保护，岂不违背了公平？而且，让不熟练工人永远安于现状，起码他们中的一部分人失去了向上流动的机会。以后当机器和人工智能替代各种不熟练工人时，他们又该怎么办？

正因为这些原因，经济学家中认为"最低工资增加了年轻人和不熟练工人失业"的比重占79%。

不过政府仍然实行最低工资，并随着经济发展，逐渐提高最低工资的标准。

经济学家反对最低工资是看到了这种制度的不利之处。他们看重的还是效率。政府实施这项制度也不是没有认识到它的缺点，但更多考虑的是公平。这就是经济学家与政府的分歧所在。

　　研究一项制度可能引起的不同结果有助于改善制度本身，也可以用其他制度或措施来弥补一种制度的不良后果。制度并不像一般人认为的那样简单。这就是现实生活的复杂性。

假设、理论与现实
——假设的意义

一个讽刺经济学家的故事说：茫茫沙漠中，烈日当头，几个饥渴交迫的学者由于没有工具，面对一堆罐头食品和饮料一筹莫展。这时一位经济学家说，假如我有一把开罐刀……

这个故事显然是讽刺，经济学家就在于他的假设根本不现实，由此得出的理论又有什么意义呢？

沙漠中找一把开罐刀显然不现实，但由假设出发来建立理论却是有意义的。其实，任何一门科学研究都是从假设开始的，在物理学中研究重物下落的规律时就是假设空气没有摩擦力。医学中研究心脏时也是假设其他器官是正常的。科学思维的艺术——无论在物理学中、生物学中还是经济学中——就是决定做出什么假设。

假设的目的在于抓住所研究问题的中心，从而得出有意义的结论。一种理论只能研究几种最主要因素之间的关系。在进行这种研究时，假设其他因素不变，才能抓住本质，得出有意义的结论。在此基础上再包括进原来假设不变的因素，才能使研究一步步接近现实。比如货币数量论，首先假设货币流通速度、收入水平、人口、商品化程度等因素不变，集中研究物价水平与货币数量之间的关系，得出货币数量与物价水平同比例变动的关系，然后再引入货币流通速度、收入水平、人口、商品化程度等因素对这一结论的影响，才能说明现实中物价水平决定因素这样复杂的问题。要是一开始，这些因素都变动，能得出什么结论呢？

假设是不是完全与现实不一致呢？也不是。货币数量论得出的结论货币量与物价变动"同比例"并不精确，引进其他因素后实际是"同方向"，不一定准确地同比例。但那些被假设不变的因素变动的影响并不大，对货币数量结论的影响有限。其他因素不变的假设就接近于现实了。

假设是使复杂的现实简单化，抓住本质特征而略去其他关系不大的细节的方法，也是认识复杂现实世界正确的方法。否则眉毛胡子一把抓就什么也认识不到了。

选择假设条件取决于研究的中心是什么。一个问题受许多因素的影响。你要先确定研究什么因素，才能确定假设。比如影响经济增长的因素很多，也相当复杂。先要确定你研究哪种因素与经济增长之间的关系，才能决定假设什么因素不变。比如，你要研究资本积累与增长的关系，就可以先假设这个经济是封闭经济，不考虑国际贸易和资本开放，这才能说明一国资本积累对增长的影响。如果你要研究开放世界中国际贸易对增长的影响，这个封闭经济的假设就不适用了，但可以把国内资本存量、技术等假设为既定的。通过不同假设，弄清楚各个因素与增长的关系就可以建立一个经济增长理论了。

运用假设一步步地深入分析问题，最终建立一个这个问题的全面理论是一种由简单到复杂、由浅入深的分析方法。任何科学理论都是这样建立起来的。这样建立起来的理论当然与现实一致，是现实深刻、抽象而有意义的反映。

一定的假设是某种理论的前提条件，因此在运用这种理论时要考虑是否具备我们所假设的条件。世界上只有具体的真理，没有抽象的放之四海而皆准的真理。任何真理或理论都是有条件的。比如资本金融市场的完全开放，以国内资本金融市场成熟、国内监管制度完善、本国货币可以在别国自由兑换、汇率较为稳定为条件。资本金融市场开放理论以这些条件为假设。20世纪80年代时，墨西哥等拉美国家并不具备这些条件就盲目地完全开放了资本金融市场,企图尽快融入世界,结果引起严重的金融危机,严重伤害了本国经济的发展,这个教训值得汲取。

由假设建立理论,再把理论运用于现实,是一个认识世界与改造世界的过程。这个过程复杂而曲折,错了哪一步都会带来灾难。

经济学与数学
——数学是经济学的工具

有朋友问我，他的孩子想学经济学，应该做点什么准备？我告诉他，先上数学系，在研究生时再读经济学。我告诉他，没有数学基础，别说研究经济学了，恐怕连本科都读不下来。我的几个在美国读研究生的学生，都由于数学基础差而改学其他专业。

我这样说也有我个人惨痛的经历。20世纪90年代我到美国康奈尔大学进修。在国内我为研究生讲宏观经济学，所以想去听听这里研究生的宏观经济学课。听课前，我借来了这门课的主要参考书，理性预期学派大师萨金特的《宏观经济理论》。这本书的理论论述完全数学化，并且所用的数学都相当陌生。如论述理性预期模型的线性随机差分方程等，许多数学名称我都是第一次听说，从词典上查出来的，对其内容一点儿不懂。所以，没敢去听这门课。这次经历打碎了我的信心。我从此不敢进行高深的经济学研究，只能去做普及经济学的工作了。

经济学与数学的关系源远流长。英国古典经济学开创者威廉·配第的《政治算术》就表明，所有政府事务以及君主荣誉、百姓幸福和国家昌盛相关的事情都可以用算术的一般法则来证实。真正用数学研究经济问题是在19世纪中期以后，1838年，法国数学家、经济学家古诺出版了《财富理论的数学原理的研究》。这本书的贡献在于对已有的，但形态模糊的经济概念和经济命题给予严密的数学表述。他的分析方法促使经济学从文字的叙述转向形式逻辑和数学的表达。他还用博弈论研究了只有两个企业的双头市场上产量和价格的决定。这个研究被称为"古诺模型",至今还在教学中介绍。其后英国经济学家杰文斯用数学研究边际效用理论,并在他的《政治经济学理论》中说:"经济学如果是一种科学,它必须是一种数学的科学。"与他同时代的洛桑学派创始人瓦尔拉斯用数学建立了论述市场经济完善性的一般均衡理论。这个理论至今受到重视,并由美国经济学家罗拉尔·德布鲁用数学工具证明,他为此获得了1983年诺贝尔经济学奖。

以后用数学研究经济学的还有英国经济学家埃奇沃思、马歇尔,以及意大利经济学家帕累托,美国经济学家克拉克、欧文·费雪等人。这种用数学研究经济学的方法被称为数理经济学。在现代,著名数学家冯·诺伊曼对数理经济学有重要影响,他把博弈论系统运用于经济分析,他与摩根斯顿合写的《博弈论与经济行为》至今仍是经典。萨缪尔森的《经济分析的基础》是数理经济学的集大成之作。他获得1970年诺贝尔经济学奖的主要贡献正是此书。

数理经济学是用数学工具表述、论证经济理论,它使经济概念更清晰准确,也使论述与推理具有更严密的逻辑。许多用文字不好表述、不好证明的经济学理论正是用数学工具才得到完善、清晰、严格的表述与证明。用数学来研究经济问题,甚至讲经济学已成为普遍的做法。如今在顶尖杂志上发表的经济学论文几乎全是数学化的,越好的经济系越重视数学。许多大牌经济学家都有数学学士、硕士,甚至博士学位。我国赴美留学且有成就的经济学家在国内也是数学系出身或有深厚数学功底,如钱颖一、邹恒甫、杨小凯等。

数学在经济学中另一个运用的分支是20世纪20年代后出现的计量经济学。这门学科是用经济学来解决实际问题的,它首先根据经济理论建立模型,然后把数据输入模型,最后用结果来分析、预测经济或验证理论。计量经济学的创始人丁伯根和弗瑞希获得1969年第一届诺贝尔经济学奖,以后获得诺贝尔奖的计量经济学家越来越多。

马克思说过，当一门科学运用了数学时才能成为真正成熟的科学。经济学的发展证明了这一点。我想，面对越来越多的数学工具在经济学中全面而深入的运用，没有相当的数学基础，你敢进入经济学这座圣殿吗？

但应该特别强调的是，数学仅仅是经济学的工具，并不是经济学本身。现在对经济学而言，数学这个工具是不可缺少的，但它并不能代替经济学思想。数学可以表述、证明经济理论，但这些经济理论还来自经济学家的悟性、观察与思考，而不是来自数学推理。经济学用数学工具，但经济学毕竟不是数学。过分夸大数学在经济学中的作用就会产生迷误。德布鲁用数学证明了一般均衡理论，但一般均衡理论来自经济学家瓦尔拉斯。萨缪尔森的《经济分析基础》是用数学表述已有的经济理论，并不是建立这些理论。

只有重视数学又不迷信数学，经济学才有希望，学习经济学的人才能真正学好经济学。

统一、分裂、再统一
——微观与宏观的关系

人们认识世界，总是从宏观上开始，再细分去研究，然后又走向综合的。希腊人认识世界就是十分宏观、具有相当高度的。科学革命以来，人们的分科越来越细致，认识也越来越深入。这对深入细致地认识客观世界是十分有用的，但分得太细，妨碍了人们的视野，就让人只见树木，不见森林了。所以，如今有学者主张跨学科的综合性研究，让视野开拓也有利于对每个学科细节的研究。

经济学研究尽管只有二百多年的历史，但也是这样的认识过程。古典经济学以前的经济思想就不说了。从亚当·斯密开始，经济学的认识是极广的，没什么微观经济学、宏观经济学之分。在斯密的《国富论》中，国民财富的性质与原因今天称为经济增长问题，属于宏观经济学，但价值问题、价格决定等则是今天的微观经济学。斯密本人并没有把它们分开的意思。在他的思想里，这些都自然而然地混在一起，也看不出有必要分开。以后古典学派的经济学家大体上都是这样研究经济学的。

新古典经济学家接受了萨伊的"供给创造需求"的信条，总体经济平衡运行，也没有什么可研究的了。所以他们集中研究资源配置问题，如生产什么、如何生产、为谁生产等。这些其实都属于今天所讲的微观经济学。这种研究的确让我们对资源配置的研究更深入细致了，应该说是经济学一次重大的进步。到20世纪30年代美国经济学家张伯伦提出垄断竞争理论之后，以新古典经济学为基本内容的微观经济学体系就完成了。以后当然有发展，但基本框架并没有变。

20世纪30年代的经济危机使"供给创造需求"的信条受到极大冲击。凯恩斯要从整个经济体系的总量角度来找原因和解决的办法，而不能局限于个别部分和细节的个量分析，于是有了今天我们所说的宏观经济学。不过凯恩斯并没有推翻新古典经济学，只不过他认为当时更为迫切的是解决总量的问题，而不是个量问题。当总量问题解决之后，新古典经济学还是适用的。但他对自己的总量分析和新古典经济学的个量分析之间，即宏观经济学和微观经济学之间有什么关系并没有涉及。

宏观经济学和微观经济学这两个词并不是凯恩斯提出的，他只说总量分析与个量分析。这两个词是荷兰统计局一位非著名经济学家迪·沃尔夫在一篇文章中提出的。他提出了微观经济学和宏观经济学这两个名词，并解释"微观经济学解释指的是一个人或家庭的关系。宏观经济学解释产生于个人或家庭组成的大集团（社会阶层、民族等）……相应的关系"。可以看出他提出了这两个名词，但对这两个名词并没有给出一个科学、准确的解释，不过说到微观是关于个人的、宏观是关于整体的。

明确把微观经济学和宏观经济学分开的还是美国经济学家萨缪尔森。他把新古典经济学和凯恩斯主义经济学综合在一起形成一个经济学新体系，并称之为"新古典综合"。1948年他出版了以这个新古典综合为特征的《经济学》教科书。这本教科书很快代替了过去的教科书，风靡全球。在这本教科书中，他把新古典经济学称为微观经济学，把凯恩斯主义经济学称为宏观经济学。由这两部分组成一个经济学体系。这种做法得到公认，直至今天，教科书的框架虽有些改变，内容也全然不同，但经济学分为这两部分的做法已经成为标准模式，地位牢不可破。按曼昆在《经济学原理》第八版中下的定义："微观经济学研究家庭和企业如何做出决策，以及它们如何在市场上相互交易的学科。""宏观经济学研究整体经济现象,包括通货膨胀,失业和经济增长的学科。"尽管它们之间有联系,但曼昆认为:"这两个领域仍然是不同的,由于强调不同的问题,且每个领域都有自己的一套模型,所以通常在不同课程中讲授。"看来还是强调两者之间差别的。

两者的不同是显而易见的,把经济学这样分开进行讲授和研究也是合适的。但许多经济学家更关注的是它们之间的联系。在现实中,个人和企业的决策与活动是整个经济的基础,整体经济无非是个人和企业经济活动的总和与结果。离开了微观经济学,宏观经济学就成了无源之水、无本之木。许多宏观经济理论都以微观经济理论为基础,例如,宏观经济学的消费函数理论就是以微观经济学的消费者行为理论、效用理论为基础的。

如今经济学家都在探讨如何把宏观经济学建立在微观经济学基础上,使两者统一起来,成为一个有机整体,而不是两部分拼在一起的、形式上统一实际上分开的整体。

反对凯恩斯主义的经济学家把这一点作为突破口。他们认为,微观经济学的中心仍然是新古典经济学。在微观经济学基础之上建立宏观经济学就要在新古典经济学基础上来建立整个宏观经济学。新古典宏观经济学从理性人出发,得出市场机制调节达到市场出清的结果。这正是宏观经济分析的出发点。理性预期学派正是从理性预期和市场出清出发建立了市场机制完美的结论,反对国家干预,这种宏观经济学是新古典经济的运用与发展,称为新古典宏观经济学。

坚持凯恩斯主义的经济学家也认识到,重振凯恩斯宏观经济学的关键在于给它一个微观经济学的基础。他们从信息不对称出发论述了工资和价格的决定,提出黏性工资和黏性价格的理论。这样工资和价格的变动慢于供求关系的变动。在短期中这种滞后就不能实现市场出清,存在经济波动、失业和通货膨胀,这就有国家干预的必要。这种经济学被称为新凯恩斯主义经济学。

这两派的结论虽不同,但在把宏观经济学建立在微观经济学基础之上是相同的。因此，不少经济学家抛开这种门派之争探讨如何把微观经济学与宏观经济学有机统一起来的大问题。正如物理学家企图建立统一场理论一样。经济学的许多新发展，如信息经济学、行为经济学等，都成为这种统一的突破口。当然这种大一统还没有得出令人信服的结论，探索仍在进行中。

　　从统一到分开再到统一是一个认识不断深化的过程。我相信，微观经济学与宏观经济学真正统一的一天一定会到来的。

经济学家最爱争论吗？
——分中有合

在世人的印象里，经济学家总是一伙最爱争论的人。一有什么经济问题就唇枪舌剑，互不相让。萧伯纳嘲讽地说："如果让所有的经济学家围坐在一起，他们将不会达成任何一个共识。"里根总统曾开玩笑地说："如果小追击游戏是由经济学家设计的，那么100个问题就会有3000个答案。"

经济学家的确有许多争论，尤其是涉及决策问题时，这与经济学家表述的内容相关。经济学分为实证表述和规范表述。实证表述是抛开价值判断而客观地说明事情是什么，规范表述是以价值判断为基础说明事情应该是什么。比如对经济增长这个问题，实证表述要说明什么是经济增长、哪些因素决定经济增长等。规范表述要说应不应该追求经济高速增长。在理论上说，这两种表述是截然分开的，所以对一个经济问题的实证表述应该是客观的、一致的，而对规范表述存在分歧。

但实际上这种区分极不容易，甚至根本不可能，因为由出身、立场、利益决定的价值观根深蒂固，总要顽固地表现自己，无论是实证表述还是规范表述都难以摆脱。经济学家很难摆脱他们的价值观，无论是实证表述还是规范表述，都自觉或不自觉地以他们的价值观来指导。即使是实证表述纯客观也是不可能的。而且客观的经济问题是错综复杂的，你可以从不同的角度来描述它，而从什么角度来表述，就取决于个人的价值观。这正如你可以按自己的价值观来介绍一个人那样。从自己的价值观出发，每个人对一件客观事实的描述都会不同，每个人选择自己需要的事实，使实证描述与自己的观点一致。例如，对 2008 年国际金融危机的实证描述，主张自由放任的经济学家就把这场危机描述成国家干预的灾难，主张国家干预的经济学家就把这场危机描述成自由放任的恶果。他们所描述的都是实际发生过的事情，无非选择事实不同而已。认为实证表述可以客观公正的想法是天真的。

规范表述以自己的价值观为基础，当然分歧更大了。特别要注意的是，价值观中还涉及既得利益。每个经济学家都为自己或自己所代表的利益集团说话，这就要顽固地坚持自己的看法，甚至不惜歪曲事实。不要以为经济学家多么超脱，多么客观，他们也是人，是人就会把自己的利益放在首位，而不是把客观真理放在首位。当然，纯学术的"书呆子"经济学家也是有的。不过客观事物太复杂，他们也不见得能抓住事物的本质，何况他们也有自己的价值观。

这样推理下去，经济学界不就是一个乱哄哄、整天争论的圈子吗？其实人们只看到了他们的争论而没有看到他们的一致。总体上看，他们的一致还是大于分歧，否则怎么能有经济学，并把它作为一门学科？对于经济学的基础原理，大家都是一致的，这才有得到广泛使用的教科书。教科书的作者也有自己的观点，但在写教科书时还是写大家（至少绝大部分人）公认的理论。对各种理论也是一致者多，如对信息经济学、行为经济学、政治经济学等新发展也基本一致认同。分歧最大的还是宏观经济学，尤其是短期宏观经济分析以及与政策相关的理论，以及政策本身。如对用基尼系数衡量收入不平等都是共同的，但对收入不平等的原因及解决这一问题的政策则分歧甚大。

曼昆在《经济学原理》中根据其他经济学家的研究，说明了在 20 个重要问题，如房租、关税、补贴、收入再分配等的一致与分歧。根据这个研究，在这些问题上经济学家的一致性还是高于分歧的，最高的一致达93%，最少的也达78%。可见经济学家的一致性还是大于分歧的。

在现实中人们更多看到经济学家的分歧而忽略了他们的一致性，所以扩大了他们的争论并不奇怪。不过话说回来，经济学家有分歧、有争论才是这门学科的活力，也是经济学进步的活力。争论比总是死水一潭一致同意好。

为经济学帝国主义点赞
——经济学的跨学科

美国经济学家加里·贝克尔用经济学分析广泛的社会问题。比如家庭、歧视、犯罪和吸毒，人力资源和学校教育等等。他的经济分析"入侵"了传统上属于其他领域的问题，因此被那些领域的专家嘲讽为"经济学帝国主义"。如同帝国主义入侵一个个国家那样，他入侵一个个领域。但是，他在1992年由于"把微观经济分析的范围扩展到包括非市场行为的人类行为及其相互作用的广泛领域"而获得诺贝尔经济学奖。看来我们应该为这种经济学帝国主义点赞。

贝克尔的博士论文是《市场歧视》，他后来在此基础上出版了《歧视经济学》，这是他把经济学运用于经济学范围之外的第一次尝试。他把种族、宗教、性别歧视作为经济问题来分析。他建立了一个"两社会模型"，一个社会是歧视者，另一个社会是受歧视者。他得出的结论是市场的歧视行为不仅损害了被歧视者，而且也损害了歧视者本身。诸如南非的种族歧视，损害了黑人的利益，也损害了一部分白人的利益。解决的途径就是两个社会的开放，尤其是受歧视的少数种族也不要封闭自己，以歧视对抗歧视，否则会损害自己的利益。他还提出市场歧视指数（MDC），即歧视者的实际收入与受歧视者的实际收入之比与不存在歧视时这两者之比的差值。这一指数得到广泛运用。

在《犯罪和惩罚》中，贝克尔分析了犯罪或广义的违法行为。

他认为犯罪违法活动不是由于精神缺陷与压力，而是违法者对预期效用和把时局及其他资源用于从事其他活动带来的效用的比较，如果前者大于后者就会从事违法活动。因此社会对付违法活动的最优办法就是提高定罪可能性并加重惩罚，使违法活动的预期效用小于从事其他活动的效用。

贝克尔的名著是论述人力资本的《人力资本》一书。他把正规学校教育、在职培训、医疗保健、迁移以及收集价格与收入信息等都作为人力资本投资。他还分析了人力资本投资的收益率，证明了人力资本投资一般高于其他投资，例如大学毕业生的平均收益高于没上过大学者的 10%—12%。

贝克尔还在《时间分配论》中建立了时间分配理论，并在此基础上重构了家庭经济学。他把家庭作为一个投入时间和其他产品，产出家庭效用的生产单位，重新解释了收入增加对工作 – 休闲替代效应的影响。在《生育力的经济分析》中，贝克尔分析了家庭要多少孩子的决策以及婚姻行为。

贝克尔在《社会相互作用理论》中用经济学理论分析不同特征的人之间的相互作用，重建了利他主义经济学。

贝克尔的这些经济学帝国主义行为产生了极大的影响，许多人也由反对走向支持，不仅经济学家分析广泛的社会问题，而且其他领域的学者也把经济分析引入自己研究的问题。

经济学帝国主义之所以值得点赞在于两点。

一是使人们对各种社会问题的认识深化，并能提出更好的解决方法。他对犯罪问题的研究受到犯罪学家、法律学家甚至立法和执法者的重视，并采取了他的一些建议。他对人力资本的论述在经济学中有重大意义，对企业培训、学校教育的改进与发展都有不少启发。

二是促进了各学科的综合。其实古希腊人认识世界是相当宏观、综合的，但以后学科越分越细，对一个学科本身的研究越来越深入了，但却割断了各学科之间的联系，只见树木，不见森林。这使我们的视野越来越窄。面对这种情况，许多学者指出，21世纪的科学应该是综合性的跨学科，各个学科要更多地融合。这个思想对我们认识错综复杂的世界无疑是一个进步。经济学帝国主义无疑是这种各学科综合化的先声。

经济学帝国主义也告诉我们，经济学家绝不要局限在自己狭小的领域，而要开拓知识面。读书时也不要仅读与自己专业相关的书，而要更广泛地阅读。

经济学是一门科学吗?
——我的反思

进入经济学领域四十多年来,我一直在思考一个问题:经济学是一门科学吗?"是"还是"不是"一直困惑着我,还正如"to be or not to be"困惑着丹麦王子一样。60岁之前,我倾向于"是",但60岁之后随着对经济学的了解和几十年的人生经验,我越来越倾向于"不是"了。

对于经济学是不是一门科学,学术界也是见仁见智。许多主流经济学家都认为,经济学是一门和物理学、化学、生物学一样的科学。美国经济学家弗里德曼就说,他从来没有怀疑过这个观点。诺贝尔经济学奖的设立正是基于这种认识。但许多非主流经济学家和其他领域的学者,如美国经济学家加尔布雷斯等就反对这一观点,所以他们一直反对诺贝尔经济学奖的设立。

经济学是不是一门科学呢?我们先来看看《不列颠百科全书》给"科学"下的定义:"涉及对物质世界及其各种现象并需要无偏见地观察和系统实验的所有各种智力活动。一般说来,科学涉及一种对知识的追求,包括各种普遍真理或各种基本规律的作用。"从这个定义中可以看出,科学有三个特点:第一,研究的对象是客观物质世界及各种现象;第二,研究方法要求摆脱价值判断,公正而客观;第三,研究的目的是追求知识,发现真理或基本规律。

美国经济学家曼昆正是根据这个定义来判断经济学是科学的。

他在《经济学原理》中说:"经济学家努力以科学家的客观性来探讨他们的主题。他们研究经济的方法与物理学家研究物质以及生物学家研究生命的方法在很大程度上是相同的:先提出理论,再收集数据,以努力证明或批驳他们的理论。"曼昆特别强调了方法。他认为:"科学的本质是科学方法——冷静地建立并检验有关世界如何运行的各种理论。这种研究方法适用于研究一国经济,就像适用于研究地球重力或生物进化一样。"他对经济学是科学的论述正在于他对经济学方法和自然科学一致性的对比。

  60岁以前的我倾向于"是"的关键原因是认为,经济学分为实证表述和规范表述。实证表述是抛开价值判断,公开客观地研究经济现象背后的客观规律。实证表述可以运用科学的方法,先做出假设,提出假设,再进行验证。这就可以是一门科学。规范表述以主观判断为基础,当然不是科学。但经济学的主体还是实证的。经济学家进行这种研究时可以客观公正,所以应该是一门科学。

  但我以后对这种认识产生了怀疑。经济学家作为一个有自己价值观的现实人,能客观公正地研究经济现象的规律吗?经济学所研究的问题涉及人们的切身利益,更容易激发人们的感情。马克思说过,政治经济学所研究的材料的特殊性质,会把人们心中最激烈、最卑鄙、最恶劣的感情,把代表私人利益的复仇女神,召唤到战场上来反对它。例如,英国的宗教,会饶恕那种在三十九个信条中对三十八条进行攻击的行为,而不会饶恕那种攻击他的收入三十九分之一的行为。即使是进行实证研究的经济学家也不可能抛开代表他们物质利益的价值观。客观公正如何可能?

  物理学、化学、生物学的研究都得出了许多给人类带来进步的客观规律,经济学有多少呢?有人问萨缪尔森,你认为经济学中哪个真理是得到公认的科学真理呢?他想了半天说,只有一个比较成本理论。但这个真理从19世纪德国历史学派到如今,反对的人不是大把的吗?有哪个国家真正根据这个真理来制定政策?由比较成本理论得出的自由贸易及对不同国家不同时期的确有不同的影响,并非都是有利的。当一个国家无比强大时，比如工业革命时代的英国，当然是有利的。但对一个刚刚开始发展的国家而言，这不是摧毁它们的民族工业吗？

现在经济学也把数学作为工具，而且还建立了计量经济学。但工具毕竟是工具，与科学本身并不同。把文字的思想用数学表述出来，并不是由非科学变成了科学。历史学中也有计量史学，文学中还用电脑研究《红楼梦》，你能说这些都成了与物理学一样的科学吗？计量经济模型是根据经济理论编制的，它的正确与否还取决于理论本身。所以模型的建立、输入数据的选择，都难免受计量经济学家本身价值观有意或无意的影响。数学能否使一门学科成为科学还在于这门学科本身的性质。

科学的真理是可以验证的，根据这个真理也可以做出预测。但经济学理论的验证极为困难。你把比较成本学说用发达国家和发展中国家的资料进行验证，得出的结论肯定不一样。而且可以根据物理学或其他自然科学的真理做出预测，但根据经济学做出的预测，正确的很少，即使有预测成功的，也是"瞎猫碰上死耗子"，与算卦的人偶然预测对了你的命运一样。

竭力要证明经济学是一门科学其实是经济学家的一种"自恋"。说得不好听一点，这也是一种利益驱动。经济学是科学了，经济学家不是地位更高、收入更高了吗？所以，在经济学界之外，承认经济学是一门科学的几乎没有。

不过，我们也不能因为经济学不是一门科学而否认它的重要性。正如我们也没有因为历史学、政治学等社会科学不是科学而否认它们一样。经济学即使是经验总结，对国家、社会和个人做出正确选择，对经济形势的判断和认识，对制定政策仍然是有帮助的。经济学教给我们的思维方法对我们认识世界，对个人的幸福，还是有帮助的。不要把经济学推上至高无上的地位，也不要把它贬得一无是处。这才是正确的态度。

艰难的历程
——经济学在中国之路

现在我可以公开地、自由地与各位朋友分享经济学的快乐了。但大概"七〇后"的人都难以理解,这种情况的出现经历了多么艰难的历程。

在改革开放前,我们把今天说的经济学称为"西方经济学",这个"西方"是有贬义的,所有带西方的东西,"西方国家""西方文化""西方生活方式"等都是腐朽的、没落的,应该被抛弃和批判的。今天,"西方"已没有了这种贬义,所以仍有"西方经济学"的说法,但毫无贬义了。

当年从这个立场出发,我们对西方经济学采取了全面批判、批臭批倒的态度。1949年前从国外留学归来学经济学的学者,或成右派,或成不戴右派帽子的右派,命好一点儿也改行做其他,教教英语,甚至做行政工作,或批判自己学过的经济学。20世纪60年代初,曾提出了解国外思想学术动态,让一些国外回来的学者介绍国外学术动态,但仍以批判为主旋律,不许借批判放资产阶级之毒。北大等高校为高年级开设了"资产阶级经济思想批判"的课。中宣部还组织编写了一套《当代资产阶级经济学》(计划出版五册,"文革"前只出了四册)。今天看来介绍得既不全面,又不系统,但批判火力之猛,如今读来仍有点儿惊人。有些文章的批判当时看来也颇荒唐。例如有一位教授批凯恩斯的时候认为,乘数理论完全错误,因为如果边际消费倾向为1，即人们把增加的收入全花了，乘数为1减边际消费倾向的倒数，即为无限。一元支出就可以使经济繁荣岂不荒唐吗？这种归谬法让人哭笑不得，别忘了凯恩斯从来没有说过边际消费倾向为1。这种情况一直延续下来，越批调子越高，与"左"的思潮同方向，比率更高。直至1978年我报考研究生时，这个专业的名称仍然是"当代资产阶级经济理论批判"。当时我真不明白，为什么"当代外国哲学"，不是"当代资产阶级哲学批判"，而我们是？不过名称关系不大，招他们也是要拿起笔做刀枪去批判的。

冲破在1978年，当时农业经济学界的一次会议上，有专家小心翼翼地提出边际收益递减规律在农业中的适用性，并用于分析1958年"大跃进"中，农业密植、深耕带来的收成减少。当时这种说法并没有遭到迎头痛击，让大家胆子大了一点儿。我们在学习的三年期间，老师也没教我们如何批判，还是如实地给我们讲授经济学的内容，并指导我们读西方经济学家的著作，尤其是经典著作，这才算进了现代经济学之门。

不过公开场合还是要批判的。我的硕士论文是介绍1979年诺贝尔经济学奖获得者刘易斯的二元经济论的，必须加上批判才能通过。20世纪80年代初，我写《西方经济学导论》，编辑说要出版必须有批判。那时写介绍的文字每天五六千字不困难，难的是每章不足一千字的批判，必须挖空心思，又不能像批判乘数理论那么荒唐，最终我绞尽脑汁才算凑足了。

20世纪80年代，学术界还是乍暖还寒的早春二月，有思想解放的热，也有"批判资产阶级自由化"的冷。记得批判高潮时称萨缪尔森为"著名经济学家"都是严重的立场问题。这样说的人还要做出深刻检讨，认识阶级根源呢！好在这股阴风毕竟不是主旋律了。中华外国经济学说研究会还和其他国家部门与高校合作办讲习班，为高校教师和研究人员组织了"国外经济学讲座"60讲，全以介绍为主，鲜有批判。

以后改革开放的步子越来越大。尽管"老左派"仍不甘心失败，还在掀起一次次恶浪。20世纪90年代他们列了一个"资产阶级自由化"28人名单。由于我一直主张认真学习而不是批判西方经济学，也被列入名单。不过对我的生活、工作毫无影响，我自己都不知道有幸入列。1992年我被评为国务院特殊津贴专家，1996年又被评为国家级有突出贡献的中青年专家。看来形势真的变了，我们的学术环境正常了，政治上也更宽容了。这时，西方经济学又列入高校财经专业必修课。"西方"两字已毫无贬义了。

  不过对西方经济学态度的根本改变并不意味着它就绝对正确，我们可以完全照搬，按这一套理论来进行市场化改革。西方经济学本身有许多错误，例如自由派经济学家对市场经济的完全肯定。即使经济学是完全正确的，也不能成为我们的指导思想。毕竟我们建立的不是资本主义市场经济而是社会主义市场经济。何况我们还有不同于西方国家的历史传统和现实国情。我们可以认真学习这种经济学，汲取它其中正确的内容作为我们市场化的借鉴，但不是一切都吸收。还是毛主席他老人家说的，取其精华，去其糟粕。一切立足于我们社会主义市场经济的建立。这才是科学的态度。

  对西方经济学从彻底批判到学习、分析、有选择地运用，是一种历史的进步，是与改革开放同步的。以这种心态读这本书，你就会有收获。

经济学理论与政策的不一致
——经济政策的复杂性

从亚当·斯密的《国富论》出版算起，经济学已经发展二百五十年左右了。到现在已经形成许多大家公认的经济学真理。但为什么现实中的许多经济政策与这些正确的经济学理论并不一致？

从亚当·斯密以来，经济学家都主张自由贸易。在关于经济学家一致性的调查中对"关税和进口配额通常降低了总体经济福利"的认同率达到93%。而且，从这两百多年来经济发展的现实来看，自由贸易的确有力地推动了各国经济繁荣，而20世纪30年代大危机时各国提高关税的政策都加深了大危机的深度，并延缓了复苏时间。当前全球经济一体化，更使自由贸易成为不可抗拒的洪流，但许多国家为什么还采用关税等新重商主义政策呢？

这要从经济政策的决策机制来看。在美国这样的民主国家，决策过程相当复杂。由总统及其经济顾问委员会提出政策的建议，这种政策建议要经过议会批准才能变成真正付诸实施的经济政策。

我们先来看总统的政策建议，总统的目的是当一个受社会欢迎且能连选连任的好总统。而社会上有许多利益不一致的利益集团，他所考虑的首先不是正确的经济理论，而是各个集团利益之间的平衡。这种平衡并不是经济学考虑的问题。更重要的是，自由贸易促进经济的作用是从长远来看的，但在短期中并不能给所有人都带来利益，反而会有利于一些人而有损于另一些人。受损的这些人会成为自由贸易的反对者。比如美国如果完全放开钢铁的进口，美国钢铁行业就会受到短期冲击。从长期来看，钢铁行业可转向美国更有优势的行业，工人也可以到其他行业就业，但这些行业和工人的转型并不是短期内就可以实现的。在短期内这些企业破产、工人失业，代表这些人利益的钢铁业行会和工会就会反对。而这些利益集团的实力又相当雄厚，面对这样的压力，让钢铁自由贸易再好，总统也不敢取消钢铁进口关税，而是要保护美国钢铁行业与工人。

其次，经济决策绝不仅仅是经济上的事，还涉及国家战略、国际关系、外交政策等政治上的事。比如美国对伊朗的经济制裁，不与伊朗进行贸易是其政治上的需要。限制美国的高科技产品出口则是维护美国在世界上绝对领先地位的政治需要。总统和经济顾问在决策时不可能不考虑这些政治问题。

总统提出的仅仅是政策建议，并不是可实施的政策。这种政策建议只有通过议会批准才能变成实施的政策。但议会并不是"橡皮图章"。组成议会的议员都是某些利益集团的代表。他们只有维护本利益集团的利益才能维持其议员的地位。所以，他们考虑的并不是某项经济政策是否以正确的理论为基础，对整个国家有什么利益，而是考虑对自己代表的利益集团是否有利。何况许多议员也并不懂经济学，不会根据正确的经济理论来判断一项政策的利弊。这就是议会为某项政策吵得一塌糊涂的原因。当然，代表不同利益集团的议员也会相互达成妥协，让政策通过。但这时通过的不一定是正确的政策。

当然，我们也要看到，无论总统还是议员都希望整体经济好，这对各个利益集团都有利，因此也会通过一些与正确经济理论一致的政策。这才使得自由贸易仍然是长期的政策趋势。

那么一个仁慈的君主是否可以避免这些纷争，根据正确的经济理论确定正确的政策呢？这可能比民主的决策更坏。这是因为：第一，任何君主也都有一个或几个利益集团支持，他决策也要考虑这些集团的利益;第二,他并不一定懂正确的经济理论,你不能要求君主既仁慈又万能;第三,如果他制定了错误政策,一意孤行没有纠错机制,那么灾难会更大。所以现在社会中很少有一人决策的。

政策选择是一件复杂的事,经济学本身再正确也不能成为政策的唯一基础。

经济学家不能治国

——经济学与经邦济世

中文的"经济学"一词是梁启超先生从日本引进的。经济学有"经邦济世"之意,所以许多人认为它是经邦济世之学,但经济学家真能经邦济世吗?

经济学家熊彼特年轻时一直对政治兴趣颇浓。在1916年到1917年,他思考当时奥匈帝国的政治,有三点建议:停止"一战",奥匈帝国实行君主立宪,与德国拉开距离。他通过他的老师向国王提出这些建议并得到赞许,可惜"一战"结束奥匈帝国解体,他从政的愿望落空。1919年德国革命后的社会党政府邀请他参加德国社会化委员会,研究德国工业社会化问题,结束后回到维也纳。1919年,奥地利在第一次国会选举中,马克思主义者组成的社会民主党成为第一大党,与保守的基督教民主党组成联合政府。熊彼特认识了社会民主党首领鲍威尔。鲍威尔读过熊彼特的《赋税国家的危机》,并极为赞赏其中的观点,在鲍威尔的推荐下,熊彼特出任政府的财政部长。当时奥地利财政极为困难。他提出的政策包括:推行资本税并加强间接税的征收,稳定汇率,成立超然的中央银行,并创造条件让私人企业发展。但这些主张未被内阁接受,七个月后他被迫辞职,从此他结束了从政生涯,投入学术研究。

熊彼特从政以失败告终,还有不少经济学家从政的经历也强不了多少。美国经济学家曼昆在2003—2005年担任小布什政府总统经济顾问委员会主席。这是决定美国经济政策的一个重要机构,曼昆离开象牙塔哈佛去治国了。在《经济学原理》2007年第四版中,他写了题为"曼昆先生走向华盛顿"的"案例研究"来总结这一段经历。他觉得"从事这些工作让人筋疲力尽",而且"总统(和其他政治家)往往有充分的理由不采用经济学家建议的政策",他认识到"经济学家在政策制定过程中起着重要作用,但他们的建议仅仅是一个复杂过程中的一种要素"。从字里行间看,曼昆的从政经历并不成功。

为什么经济学家不能治国?我们先来看看《兰登书屋韦氏大学英语词典》中给经济学家下的定义:"经济科学中的专家"。这里所说的经济科学是指经济理论研究,所以经济学家就是把经济学作为一门科学来研究,并有一定造诣的人。由这个定义可以看出,从事经济管理工作的政府官员、从事企业经营的企业家或高级管理人员、在媒体上奢谈经济问题的人、涉及经济学但不以经济学为专业的人,尽管获得了经济学博士学位,也不属于经济学家。一般来说,经济学家指那些在大学或研究机构以研究经济学为本职工作的人。经济学家与其他学者的差别仅仅在于研究的专业不同。

当然,经济学家也参与政府或企业的工作,如政府的某些委员会或企业董事会的下属机构,但在这些工作中,他们并不是决策者,仅仅是提点批评或建议的专家而已。而且他们参与这些工作也是极为业余的,主要精力仍然在学术研究上。当个委员、顾问之类自然不是治国。治国要放弃本职研究进入政府担任部长以上重要职务。这些人才决定经济政策,为治国之人。

经济学家不能治国,我认为有两点是重要的。

第一,经济政策并不是由简单的正确经济理论决定的。或者说,经济理论是决策的一个因素,但不是唯一因素,甚至有时不是最重要的因素。它不仅涉及经济,还涉及政治、社会、国际关系、利益集团平衡等极为复杂的因素。这不仅需要经济学知识,还需要其他知识及对国际国内复杂状况的把握。经济学家不具备这些素养。

第二，从研究学术的纯经济学家到治国的政治家有一个角色的转变。除了上面讲的经济决策所需要的素养，还要懂得政治艺术，说得难听一点就是韩非子和马基雅维利讲的权术。一个长期待在象牙塔中的学者是不懂这些的，而且恐怕永远也学不会。那些治国成功的经济学家，如曾担任过美联储主席又出任财政部长的耶伦·阿克洛夫就完成了这种角色转换，也走上成功治国之道，而且她走上仕途后就不再是经济学家了。

治国不是经济学家的事，还是老实待在书斋中做学问吧！熊彼特和曼昆的从政经历就是前车之鉴。

把经济学家拉下神坛
——经济学家的作用

在改革开放之前,经济学是一个冷僻的学科,我1962年进入北大经济系时,堂堂经济系五个年级只有200人。而且自愿学经济学的人少之又少,许多人都报考的是中文、历史或哲学,然后被调到经济系的。

改革开放之后,经济学迅速成为显学,经济学家登上神坛,成为万人仰望之神,经济学也成为热门专业。过去小小一个经济系,现在分为经济学院、光华管理学院、国家发展研究院。学生少说也有几千人,而且许多人以状元的成绩进入。

其实受冷落也好,成为显学也好,都出于人们对经济学的误解。

人类社会的进步史并不是亚当·斯密、凯恩斯这样的超级经济学家推动的,而是人民群众推动的,即使要找出推动历史的英雄也轮不上经济学家。他们的经济理论不是经济进步的指导,仅仅是经济进步的总结。经济学毕竟来源于实践而不是经济学家的大脑。经济学家观察经济现象,苦思冥想,总结出了理论,而不是经济学家闭门造车,提出了经济学。在《国富论》出版之前,市场经济就出现,并有了相当的发展。亚当·斯密无非是总结这段市场经济发展史写出了《国富论》。在凯恩斯的《就业、利息和货币通论》出版之前,各国都被大危机搞得焦头烂额,病急乱投医。不少经济学家都提出了国家干预的思想。罗斯福甚至听不懂凯恩斯的那一套理论说什么，但他的新政正是国家干预最成功的案例。凯恩斯无非是迎合时代的要求总结了国家干预的经验，并用理论来证明而已。

我国的经济改革也并不是经济学家推动的。必须承认，推动中国市场化改革的是以邓小平同志为首的一批富有改革精神又认识到计划经济弊病的共产党人。在改革中起了作用的经济学家马洪、薛暮桥等人也在于他们的主要身份还是官员，他们的经济学认识与官员身份结合才在经济改革中起了作用。至于其他学术机构或大学的经济学家无非是为这个主旋律敲点儿边鼓而已，绝不是什么改革的重要功臣。

在美国，有些经济学家进入政坛，但他们走了两条路。一条坚持自己的学术观点，要按自己认为正确的理论制定政策，但不被接受，最后体面地退出政坛。另一种是脱胎换骨，转换身份，不再是思想独立的经济学家而变成迎合政治需要的政客，但这时他已不是以经济学家身份参与政策制定了。至于经济决策机构中数以千计的经济学家，无非是做些资料收集、分析，提出经济政策设计的不同方案，供真正的决策者选择，他们与治国沾点儿边但也有限。

也还有些经济学家不自量力做些预测，特别是给公众的股市预测，这些预测其实往往是不成功的，有时连预测的经济学家本人也不按他的预测炒股或投资。这些人要不就是骗子，是某个上市公司的"托儿"，往好了想也就是无知又无畏的家伙。

那么，经济学就是一无所用的屠龙之技吗？弄清这个问题，千万不要总想"学以致用"这回事。似乎学了它上可以治国，下可以发财。经济学是一门和历史学、哲学等一样的学问。学习它的目的不在于用，而在于追求智力上的欢乐。英国经济学家、诺贝尔经济学奖获得者希克斯就说过"经济学是经济学家的智力游戏"而已。

经济学没有推动历史推动改革的作用，所以也不用为这种进步过程中出的问题负责。20世纪30年代的大危机，2008年的国际金融危机都不是经济学家造成的。改革中出现的贪污腐败、收入差距拉大、通货膨胀，甚至房子涨价、假货横行，都与经济学家无关。经济学家不是进步的功臣,也不能当进步中所付出代价的替罪羊。经济学家不要在政坛上、市场上张牙舞爪,还是老老实实回到书斋做学问吧!

  当然,我也不是认为经济学一无用处。作为一门学问,如果它完全是屠龙之术,也就无法存在了,或者起码没有这么多人学它。经济学与其他学问一样可以提高人认识问题、分析问题的能力。作为一门选择的科学,也可以帮助社会和个人做出更好的选择。学经济学的人掌握了一些经济学分析工具与方法,有助于他从事其他工作,所以学了经济学好找工作,适应性强也很正常。

  不要神化经济学,经济学才能发挥它应有的作用。把经济学家从神坛上拉下来,它才能变得真实、亲切。正如没有了光环,才是真人。

拿起经济学之剑
——经济学的用途

我在1999年的《读书》杂志上曾发表过一篇题为"普及经济学刻不容缓"的文章。文章发表后，不少朋友问我，你让我们学习经济学，经济学有什么用？是不是上可以经邦济世，下可以让个人发财致富？

我说，你要抱着这样的目的学习经济学，肯定会失望。仅仅学了经济学并不能经邦济世，因为经邦济世还需要其他更广泛的知识，比如政治学、社会学、国际关系学等。更重要的是，经邦济世还需要对一国国情的深入了解，以及丰富的政治经验与艺术。经济学家制定的经济政策不一定利国利民。美国经济政策的决策机构总统经济顾问委员会、美联储等机构有数以千计的经济学博士，都是学富五车的经济学家，但他们制定的政策还不是导致了2008年的经济危机吗？至于发财致富更是非分之想。经济学家中有富人，但他们的致富与经济学没有什么关系。比如英国古典经济学家李嘉图是个极富有的人，但他研究经济学是在致富之后。即使以经济学指导也不一定致富。20世纪初，美国经济学家欧文·费雪是宏观经济学家和货币理论权威。他根据自己的经济学判断，20世纪20年代后美国经济会长期繁荣，股市也会大涨。他根据这种判断把自己和借来的1000万美元投入股市，结果1929年的大危机使他血本无归，欠债累累。许多成功的企业家并不懂经济学。

那么，照你这么说，经济学就是无用的屠龙之技了。我认为，当然不是这样，经济学是十分有用的，不过并非治国与发财之道。

经济学可以提高你认识和分析问题的能力。这些年恐怖主义活动在全球都相当猖狂。恐怖主义的根源是什么？一些人认为是伊斯兰教义中杀死异教徒的观念，甚至歧视和迫害穆斯林。这是大错特错的，《古兰经》主旋律还是教人为善、和平相处的，绝大多数穆斯林也是很好的。恐怖主义的根源在于世界收入和财产分配的日益不平等，一些伊斯兰国家处于贫穷落后的状态。应该说，某些西方国家对一些伊斯兰国家的殖民与剥削是这些国家贫穷落后的原因之一。所以这些国家的人民对西方国家的仇恨也可以理解。从根本上解决恐怖主义的方法不是仇视他们，而是帮助他们更快地发展经济。

恐怖主义是一种国际上的仇富。国内仇富心态也相当普遍，无非远远没到恐怖主义的地步。劫富论让我们富起来了吗？邓小平同志在刚刚开放时讲过一句话：让一部分人先富起来，带动其他人致富。现在四十多年过去了，看来这句话是正确的。一代民营企业家成长起来，他们富了，我们更多人有了就业机会，没有大富，但也可以过上好日子了。仇富有什么用，先富带后富才是共同致富之路。

经济学是选择的科学，也可以帮助每个人做出正确的选择。人生面临无数选择，这些选择正确与否决定了你一生是否幸福。大的选择如事业、婚姻，我就不展开了。举一个小例子，不少人见到跳楼价的商品就狂购。你想过没有，这些东西太多了，在保质期内用不完，边际效用递减，甚至成为负数，这种行为理性吗？类似这样的错误决策我们还有许多。经济学可以帮助你放弃这些错误的选择。

当前一个大问题是骗子太多，骗局又花样百出，使许多人上当受骗。经济学会帮助你防止上当受骗。我们以后要介绍的信息经济学告诉你，在市场上信息是不对称的，骗子知道的，你并不知道。明白了这一点，你就会对骗子的花言巧语留个心眼儿。同时，经济学告诉我们，世界上没有免费的午餐，想天上掉馅饼一夜致富是不现实的。人们上当往往是贪念在起作用。明白了这一点不再想天上的馅饼，也就不上当了。

其实经济学和任何学问一样不是一学就灵，立竿见影。但学习经济学，掌握一些经济学的思维方法，了解一些经济学的道理总是有百利而无一害的。这就是我强调普及经济学的意义。

如何把一个鸡蛋的家当做大
——经济学助你成功

"一个鸡蛋的家当"是家喻户晓的寓言。说的是一个只有一个鸡蛋的人，幻想如何通过蛋生鸡鸡生蛋，迅速成为百万富翁。结果手舞足蹈，把这个鸡蛋打破了，成了连一个鸡蛋也没有的穷光蛋。寓言是讽刺那些不切实际的空想家的。但从经济学的角度看，绝不能理解为只有一个鸡蛋就要永远穷下去。

其实那些百万富翁除了极少数"带着金钥匙出生"和有特别天分的人，绝大多数都是从一个鸡蛋，甚至没有鸡蛋起步的。关键在于如何用这一个鸡蛋去做。

用经济学家的话来说，如何"做"包括了两个问题。一是确定目标，即用一个鸡蛋做什么。二是如何去实现目标，即如何做。这就是经济学中选择的两个问题：生产什么和如何生产。

在选择目标时要记住，人的选择受资源稀缺的限制，不能超越你现在拥有的资源。人追求的最大化是在资源约束下的最大化。只有一个鸡蛋时，把目标定位投资建一个大网站赚大钱就不明智了。但把目标定为把这个蛋变成一只母鸡，再下蛋再变鸡，办一个养鸡场过上中产的日子还是可以的。

选择如何做时要用效率最高的方法，比如不用老母鸡孵小鸡，而用暖箱孵鸡，用科学方法养鸡，或者专门用环保的绿色方法养鸡等等。也要有耐心，一步步来，完成一步再设计下一步，不要想一口吃个胖子。比如养鸡有了成绩，积累了一些资金或经验，也可以考虑投资其他行业，一步步走下去，成为百万富翁也不是不可能。现在的百万富翁起步时也没有几个蛋，但他们决策正确，又一步一步踏实地干，最终就成功了。真是"无心插柳柳成荫"。

谈这个寓言，大家都笑话这个有一个鸡蛋的人，其中的道理也并不深奥。1958年我们还是一穷二白，鸡蛋并不多，但选择的目标是超英赶美，用的方法是"大跃进"。结果几个鸡蛋也打碎了。好在那一段历史已经翻过去了，如今我们也从一个鸡蛋的家当做起，一步一步终于实现了大富。期间没有跃进，没有动荡，踏踏实实越做越大。

现在国家不像那个有一个鸡蛋家当的人了。有的企业有不少鸡蛋，但总想一步登天，结果也是打破了鸡蛋。记得当年河南"红高粱"以一碗烩面从河南打到北京，这个鸡蛋并不少，完全可以成为"海底捞"这样的连锁餐饮业。可惜老板把这个蛋当成了庞大的鸡群，要和麦当劳叫板，麦当劳开到哪里，他就要开到哪里。好在还是在国内，要是满世界去和麦当劳叫板，不知那几个蛋够不够？根本不知道自己有几斤几两，结果鸡飞蛋打。

经济学告诉我们的决策受资源限制，就是老百姓经常说的"有多大碗吃多少饭"。经济学许多道理存在于生活之中，从老百姓的口头俗话中，不学经济学，知道这点儿道理也不难，难就难在"做"上。从一个鸡蛋变成几个鸡蛋就无限膨胀，其结果就是吹破气球吧？

囚徒两难困境
——博弈论的含义

经济学上用一个故事来说明博弈论的含义。

故事说的是有两个小偷偷车，被警察抓住了。假设这两个小偷分别为A、B。警察抓住他们后分开审讯，告诉他们，如果一方交代而另一方不交代，交代者只判一年，而不交代者会判十年；如果双方都交代，则各判五年，如果双方都不交代，由于证据不足，每人三年。

在这种情况下，这两个人可以选择的策略是交代或不交代，但每个人交代或不交代有什么结果还取决于对方交代不交代。他们可能有四种结果：A和B都交代，各判五年；A和B都不交代，各判三年；A交代，B不交代，A判一年，B判十年；A不交代，B交代，A判十年，B判一年。

他们要选取自己交代还是不交代，这就是一种囚犯的两难困境，交代还是不交代困扰着他们。但他们被分别关押，都不知道双方交代还是不交代。这时他们要独自做出决策。

在做决策时，他们都从自己个人利益最大化，即判刑期最短来考虑。

A先假设B不交代。如果B不交代，A交代，他就只判一年；如果A也不交代，A就会被判三年。两者相比，还是A交代好。A再假定如果B交代。如果A也交代就判五年；如果A不交代则要判十年。两者相比，A 还是交代好。这样分析的结果，无论 B 交代还是不交代，交代都是 A 的最优选择。B 的选择过程与 A 完全一样，最后也选择了交代。最后两人都被判五年。

这个故事说明了博弈论的四点重要含义。第一，博弈就是利益相关的双方，各自独立决策的过程。在这个例子中，一方的决策有什么结果还取决于另一方的决策，这就是利益相关。第二，双方是独立决策，互相并不知对方做什么决策，而且被分开，这就是双方信息不对称。第三，各自都从最有利于自己的角度做出决策，这种决策方式就称为占优战略，即无论对方交代还是不交代，对自己都最有利的决策。第四，本来双方都不交代，结果最好（三年），但这种选择的结果，双方都得到了最坏的结果（五年）。这也说明人人都从利己的角度出发时，大家很难合作。

博弈就是英语中的"game"，可译为游戏或对策，所以也称为对策论。经济学家早就用博弈论分析经济问题。最早的是法国数学家、经济学家古诺在他 1938 年出版的《财富理论的数学原理的研究》中，用博弈论分析了双头市场上产量与价格的决定。1943 年，美国数学家冯·诺伊曼和经济学家摩根斯顿合作出版了《博弈论与经济行为》。这本书用博弈论分析了更广泛的经济问题，是一部经典。但这些分析有一个缺陷，就是在进行博弈时各方信息是对称的。这与当时经济学发展的状态相关。

对这一点做出突破的是美国数学家纳什，他分析了信息不对称下的博弈，使博弈论可以分析现实问题。他与另外两位对博弈论做出重大贡献的经济学家海萨尼和泽尔腾共同获得了 1994 年诺贝尔经济学奖。我们分析的囚犯的两难困境是最简单的博弈，即参加者只有两个人，且是一次性博弈。海萨尼和泽尔腾则分析更复杂的多位参与者和多次博弈。针对难以合作的结论，他们也探讨了在双方参与且多次博弈的情况下，可以采用"一报还一报"的战略实现合作。"一报还一报"就是这次你不合作，下次我也不合作；这次你合作，下次我也合作。如果双方不断重复这个博弈，最后都会认识到，合作最终是有利于双方的。但这种双方重复同一个博弈毕竟不是普遍的情况。如何在博弈中实现合作仍然是一个重大问题。美国经济学家谢林和以色列经济学家奥曼对博弈中的合作进行了全面深入的研究，他们为此获得 2005 年诺贝尔经济学奖。他们的贡献我们将在下一篇文章中介绍。

现在博弈论已在经济分析、商业和政治决策等方面得到广泛运用。尽管要真正懂得博弈论需要数学基础，但我们了解一点博弈论的皮毛还是必要的。我们以后还会在其他文章中用实例说明博弈论的运用。

美俄军备竞赛与巴以冲突
——博弈中的合作

在新闻中你经常看到，美俄之间通过军事演习等方式"秀肌肉"，显示自己的武装力量有多强。前一段，巴以冲突也一直是新闻的热点，你对我的平民采取恐怖行动，我就给你的大官"定点清除"。世界各国都在冲突，都在博弈。看来多次博弈中的"一报还一报"是不够用了。如何清除博弈中的冲突，实现人类社会的合作化？只讲冲突、竞争还不够，合作才是人类共同进步的光明大道。但在这激烈而复杂的博弈中如何才能实现合作，哪怕是一时的、不引起更大冲突的短暂合作呢？

美国经济学家谢林和以色列经济学家奥曼对这一问题做出了重大贡献，因此获得2005年诺贝尔经济学奖。这是对博弈论及运用做出贡献的学者第二次获奖。

谢林是冷战时苏美战略武器削减协议谈判中美方的专家顾问。他正是以这一问题入手来研究博弈中的合作的。他提出，双方实现合作的条件是双方都具有第二次打击力，即如果对方违约，另一方就可以给予致命的打击。在谈判中达成协议后，各自都有希望对方守约而自己违约的愿望。在这种各怀鬼胎的情况下，各自都会违约，等待自己认为力量足够强大时给对方以毁灭性打击。假设苏方认为，自己军事力量已足够强大，可以一举摧毁美国，于是发动突然袭击，美国损失惨重。但一次突袭能把美方的军事实力完全摧毁吗？不可能。美方有核潜艇，在世界各地海洋中游弋、停泊。苏方不可能知道每一艘核潜艇在什么地方，并把它们同时全歼。美方遭到打击后，就会让留下来的核潜艇实施报复。如果一艘核潜艇有12枚导弹，每枚导弹带6个核弹头，这72枚核弹头足以把苏方摧毁两次还有余。苏方知道这一点就不敢发动突然袭击了，违约多生产军备意义也就不大了。如果苏美双方都知道这一点，就可以达成协议并守约。正因为如此，当1962年苏美发生古巴导弹危机时，可能爆发的核战争还是没有发生。而且以后苏美也达成了"削减战略核武器"的协议。

但这种协议和守约只是一时的，双方的对立并没有消除，各自亡对方之心不死，而且也总担心对方对自己的威胁。这就要保持自己的第二次打击力，让对方不敢小觑自己。所以，今天在延长这个裁减核打击能力的协议上双方不断发生冲突。为了让对方不敢对自己有野心，就要不断发展各种新武器，并通过军事演习"秀"给对方，让对方知道自己有多强大。发展核武器不是想用的，谁都知道核战争毁灭的不仅是对方，而是包括自己在内的全世界。但仍要发展，就是用第二次打击力威胁对方，使对方不敢轻举妄动，或在国际及两国问题上做出让步。不过今天是俄罗斯继承了苏联的做法。冷战实际上仍未结束，而且我悲观地认为，世界存在一天，冷战就会存在一天，只能希望冷战别变成热战。

奥曼是犹太人，当然关心巴以冲突。他和每一个有理智的人同样知道，以色列不可能消灭巴勒斯坦，巴勒斯坦也不可能消灭以色列。双方的未来只是共存共荣，或共存共斗。斗下去当然不利于双方，奥曼想的就是如何共存共荣，而不再斗下去。他提出的策略是通过谈判，各让一步，实现哪怕是短暂的和平。他的谈判策略相当有特色，这就是强者主动向弱者让步，在巴以冲突中，以色列当然是强者，巴勒斯坦是弱者，所以应该由以色列主动地、无条件地首先向巴勒斯坦让步。这样可以给弱者一点面子，让他们仍有条件说服国内极端分子同意让步。以色列时任总理沙龙接受了这一建议，主动让出加沙地带。巴勒斯坦当时的总理阿巴斯也有和好之意，可惜以后沙龙去世，以色列极端分子又强硬了起来，巴勒斯坦极端分子在议会选举中获胜，双方对立加剧，这一合作功亏一篑，让人可惜。不过，政治就是这样复杂而多变，否则这世界不就真的和平、幸福了吗？人类历史的幸福时光并不长，总是在战争与备战的交替中度过，这也许是人的本性所决定的吧！人类就是一个可悲的物种。怪不得许多科幻小说都以人类恶行被上帝报复、外星球入侵而人类灭绝于自我为主题。

　　说远了，再回到主题。第二次打击力也好，让步也好，还是让人类回到合作的道路上。实现这种合作有两个助推的因素。一是双方要多沟通信息。冲突往往是双方信息不对称而引起的，所以双方既要让对方知道，自己有第二次打击力，也有希望合作的友好愿望。其实军演、谈判都是沟通信息的方式。二是要有第三方作为调解冲突的中间人。那些有实力的大国可以充当这一角色。可惜它毕竟有自己的国家利益，调解时难免会偏袒一方。比如美国对巴以冲突的调解就是这样。这就难以被双方或其中一方接受，调解也难以起作用。其实说起来最好的调解者莫过于联合国。它理应不代表任何一个国家的利益，而代表全人类的利益。调解者必须强大，有财力与军力，足以使双方信服。调解两个富人冲突的，一定是更富的人，而不能是穷人。同样，联合国也只有在世界上具有最大的实力才能起到调解作用。可惜现在世界上，联合国只是一个既无经济与军事实力，又无法律强制力的空谈组织。所以，实际上它在调解各方冲突中起的作用有限。而且，也没有哪个国家愿意出钱出力让它强大起来。

　　人类的合作和平之路，还十分遥远。谢林和奥曼的思路都有启发性，不过知易行难。我只能希望这世界好起来。

人人为我，我为人人
——利他与利己的统一性

1958年是一个口号震天响的时代，墙上各种各样的口号百花齐放。有一次在校园的墙上看见一个口号："人人为我，我为人人。"围观的人不少，都说这个口号好。过了半个月，政治老师严肃地对我们说，"人人为我，我为人人"的口号是错误的，因为它以"我"为中心，是宣扬个人主义的，还说这是"上面"的意思。很快这个口号就被抹去了，换上最常见、最保险的口号："十五年超英赶美。"

以后就一直是"毫不利己，专门利人"的教育了。在学了经济学知道利己是人的本性后，我一直在想：利己与利人不共戴天吗？

其实把利己和利他完全对立起来是一种形而上学的看法。在辩证法看来，世界上没有什么是完全对立的，矛盾的双方也会有共同之处，也会互相转化，或者合二为一。

20世纪80年代的美国供给学派社会学家、经济学家乔治·基尔德早就认识到这一点。在其名著《财富与贫困》中，他指出，"别人财星高照，自己也会跟着受益"是一个不易为人们接受的观念。但这是经济学上的一个"黄金法则"。其实想想也是，别的国家富裕了会更多进口你们国家的东西，也会把自己的好东西出口给你，你们国家不也会富起来了吗？邻居家富了，把自己的院子装点得更干净、更美丽，不也美化了你生活的环境吗？20世纪30年代大危机，各国都实行交关税保护自己，结果危机更严重了。别国打仗，战火会烧到你这里，难民也会逃到你这里。邻居家失火也会殃及你家，这不会是好事吧！在如今经济全球化的世界上，真正是"一荣俱荣，一损俱损"。这种观念的基础正是利他也是利己，利己也利了他。利己与利他并不矛盾，大可不必"狠斗私字一闪念"，变成一个"毫不利己，专门利人"的人。

这一点对企业更重要。基尔德又说："要想在商业活动中获得回报，不能依靠贪婪、欲望或自私，而要靠一种非常近似于利他主义的精神，依靠设身处地地照顾他人需求，依靠仁慈、友好和勇敢。"这说明市场经济始于给予，而不是利己的索取。

企业的生产是为了自己的利润最大化，但这种最大化不能靠生产假冒伪劣产品、欺骗消费者来实现。这样做不仅违法，要受到严惩，从而损失更大，而且消费者也是骗不了的。你可以一时骗一部分人，但你不可能长期地骗所有人。你可以赢得蝇头小利，但却丧失了长期盈利的机会。你看现实中哪一个企业是靠这种欺诈方式致富的？当年温州假货遍地，但你今天看，有几家造假的企业活下来了。它们不是被淘汰，就是改邪归正。

当然不造假损人利己仅仅是对企业最低的要求。不仅不损人，还要去利人。如何利人，这就是在决定生产什么时，不能是什么赚钱生产什么，如何赚钱就如何生产，而首先要从消费者的角度，设身处地地想想他们需要什么。"为消费者而生产不是为赚钱而生产"就是企业应该放在第一位的原则。这就是生产中完全想着利他，有利于消费者。这样生产出来的产品才能有市场，消费者欢迎，企业才能卖出去，实现自己的利润达到利己的目的。

许多企业的产品卖不出去，还在于设计或生产时根本没有想消费者需要什么，也就是没有考虑消费者的方便。我老伴喜欢养花。有一次在瑞典一家花店里看到许多养花的工具，方便又实用，她爱得不得了。但回到国内却找不到这样的养花工具。养花工具并不是什么高科技，也没有什么专利保护或拥有无法解开的核心技术，是个企业就能生产，哪怕是家庭小作坊。我们为什么生产不出来？就是因为没有从消费者出发，也不了解消费者需要什么。能怨消费者不买你的养花工具吗？消费者的需求是无限的，钱包也是鼓的，就看你知道不知道如何去迎合消费者的需求，把他们的钱堂堂正正地赚到手。经常想着消费者，实现你的利润最大化不就是必然的结果吗？

  亚当·斯密的利己、利他并不矛盾，现实中也不必损己利人。只要常想着为别人做好事，你的好事也就来了。这点小道理对国家、社会、企业、个人，都是至理名言。知道不难，难在做。还是知易行难四个字。

一个"向钱看"的口号
——钱不是"阿堵物"

于光远先生是一位思想开明、学识广博的学者。20 世纪 80 年代初，他提出"只有向钱看，才能向前看"，被当时的人们简化为"向钱看"。这句话石破天惊，引起激烈的争论。拥护者有之，但见诸报端者不多，更多是情绪激动的反对者。在一次餐桌上就听见一位年已花甲的女干部慷慨激昂，从饭局开始骂到结束。不少年纪大的人还在诺诺点头。

现在看来，这句简单的口号当时对几千年的传统观念的确是一个极大的冲击。中国传统文化一直宣扬"重义轻利"，似乎只有为君王或理想而舍生取义才崇高，一谈到钱就俗不可耐了。所以，尽管钱作为一般等价物可以换到各种享受，人人内心里都爱之甚深，但却要装出一副"疾钱如仇"的样子。文雅点儿的把钱称为"阿堵物"，直白点儿的把钱称为"铜臭"。说的和做的完全是两回事儿，这就是传统文化的虚伪之处。计划经济下，我们也是重精神轻物质，钱成了万恶之源。谁要强调一下与钱相关的物质刺激，就被斥责为金钱挂帅，修正主义。

对钱的这种错误认识使社会不能建立一种有效的激励机制，资源配置失误，生产率低下，物质短缺。人人都不敢说钱，人人都没钱，说起来社会平等，实际上是共同贫穷。所以，历史上的每一次改革都是从讲钱，调整经济利益关系开始的。商鞅变法鼓励百姓勇于耕战的是钱,探春在荣国府的改革也抓住了钱。20世纪60年代,赫鲁晓夫的改革也用钱来试探。我们当年有一门名叫"修正主义经济理论批判"的课,三个批判专题中,有"利润挂帅"和"物质刺激"两个与钱相关。著名经济学家孙冶方把利润作为提高企业效率的"牛鼻子",我们的改革从承包制起步,这些都是讲钱的。所以,对钱的态度往往成为保守和改革的分水岭。正是在这种意义上可以说,于光远先生的"向钱看"的口号是思想启蒙之先声,进步而有意义。

现在四十年过去了,我们习惯了讲钱、爱钱、用钱。对整个社会来说,钱就是GDP。一个社会只有生产能力提高了,钱多了,人民才能过上好日子,国家才能昌盛强大,在世界上有地位。四十年来我们正是沿着这条路走过来的。对企业来说,钱就是利润,只有利润多了,企业才能做大做强,才能为国家多缴税,为员工多谋福利,才能尽社会义务,为社会多做好事。对个人来说,钱就是收入或财产,有了钱才能过上丰衣足食的日子,才能享受更好的医疗、教育或其他服务,才能家庭祥和,社会安定。能说钱不重要吗?

不过矫枉过正,钱谈得太多了,也会有反作用。如果一个社会对钱的重视变为极端的"唯GDP主义",就会对环境带来不利的影响。环境污染、全球变暖、物种灭绝正是只看钱不看其他的不利影响,正是"唯GDP主义"的后果。企业一味追求利润,不惜生产假冒伪劣产品,甚至突破法律底线从事非法经营。这样的企业,钱暂时会多,但离彻底垮台的日子也不远了。至于个人唯钱是问,不惜一切手段去赚钱,坑蒙拐骗,杀人越货,也没有好下场。最近网上金融诈骗猖狂,正是唯钱是问的结果。当一个人穷得只剩下钱时,他还有什么幸福可言?钱成为葬送他美好人生的坟墓。对社会、企业和个人来说,世界上比钱美好的东西太多了。

市场经济讲"向钱看",但有三个前提。第一,完善的立法。市场经济是法治社会,我们"向钱看"不能违法。二是有道德。市场经济也是一个讲道德的经济,我们要有社会责任心,要有一个现代人的美好道德，形成一个良好的社会风气。第三，在公平竞争中赚钱。公平竞争是市场经济的基本原则，在这一原则下赚的钱才是干净的，有利于社会、企业和个人的。

中国是一个喜欢"口号"的国家，口号有引人注目的优点，但也容易把复杂的问题简单化，让人产生误解。对"向钱看"的种种争论其实都在于这种简单化，各有各的理解，各有各的偏重。这种争论无助于对口号的理解，反而有误导的可能。

探春改革的成败
——承包制只是改革的起点

一部《红楼梦》，不同的人有不同的看法。经学家看出《易》，道学家看出淫，革命家看出排满，流言家看出宫闱秘事。我看的是改革之道。

在任何社会中，每一个家庭都是计划经济，都有计划经济的两个特点：一是人治，经济决策最终由家长一人说了算；二是吃大锅饭，干多干少，干与不干，都获得同样利益。在一个小家庭中，人数有限，这些特点的弊病并不突出，但当家庭变大，甚至类似一个小社会时，这些特点带来的缺点就明显了。巴金先生的《家》《春》《秋》三部曲正展现了家庭计划经济的弊病。《红楼梦》中的贾府是一个极大的家庭，这些缺点就更突出。计划经济可以集中力量办大事，但办什么大事由家长一人说了算，这些大事也许是振兴家族的好事。但在传统社会中，这些大事更可能是坏事，如操办婚丧嫁娶这样劳民伤财的大事。《红楼梦》贾府中办的两件大事就是秦可卿的葬礼和元妃省亲。这两件事风光是风光了，但使财政本已紧张的贾府雪上加霜，成为贾府最终衰亡的重要经济原因。

更为严重的是大锅饭。贾府中的奴仆按身份地位享受不同的待遇，领不同的"月份"。干多干少一个样，干与不干一个样。工作贡献与个人利益毫无关系，所以一个美轮美奂的大观园由于奴仆们不尽心打理，逐渐变得荒废起来。由于没有贡献与利益挂钩的激励机制，整个大观园缺乏活力，没有效率。

探春的改革正是抓住了激励机制问题而获得暂时的成功。传统中国文化是"君子言义不言利"，虚伪地不言利的。探春改革是从经验中认识到，其实这些普通人并非圣人讲的君子，是把利放在首位的，所以她的改革就是"登利禄之场，处运筹之界者，窃尧舜之词，背孔孟之道"。探春违背孔孟的义利观把利置于首位的措施就是实行承包制。承包制把个人的贡献与利益直接联系在一起，工作积极性高了，责任心也强了，大观园中"各司各业，皆在忙时。也有修竹的，也有剔树的，也有栽花的，也有种豆的，池中间又有驾娘们行着船夹泥种藕"。丫鬟春燕的姑妈承包了一块地"每日早起晚睡，自己辛苦了还不算，每日逼着我们来照看，生恐有人糟蹋"。人人负责，大观园就一天天好了起来。

应该说，探春选择承包制作为改革的突破口是很有见地的。计划经济下，用道德强制来让人无私地舍小家顾大家，其实从历史经验来看却是隔靴搔痒。把个人利益与贡献连在一起才有激励的作用。从承包制开始，可以不触动既得利益集团的利益，不会遇到强大的反对力量，所以当家的王熙凤等人也并不反对这样做。同时又不用触动计划经济的原有体系，不用一开始就激进，引起家庭内战，社会的动荡。承包制是一种低成本、高收益的改革突破口，因此我们的改革也从农村的承包制开始，并取得了显著的成绩，彻底解决了几千年来中国人的吃饭问题。

但是探春的改革并没能挽救贾府走向衰亡的命运，所以我说她的改革成功只是"暂时"的。这就在于改革是一个系统工程，最终要改变计划经济体制。承包制只是一个突破口，远远不是整个改革本身。承包制本身是有缺陷的，它只考虑承包者的短期利益，而没有考虑承包者的长期利益，这就需要产权改革。而且，承包制的存在与发展最终必然与整个计划经济体系发生冲突，影响到既得利益集团的利益。承包者的收入远高于其他人的收入，这岂是既得利益者能容忍的？所以承包制之后还需要其他改革配套，逐渐取代计划经济体系。以探春在贾家的地位,她也就只能停在承包制这一步,以后她就无能为力了,最终的失败是必然的。

探春是庶出,其母赵姨娘又是一个极为猥琐的人,但她是我心目中的英雄。《红楼梦》的反传统不仅在于对自由、爱情的追求,更重要的还在于对孔孟之道的反叛。

信任要打破圈子
——经济以信任为基础

20世纪80年代时,王安电脑公司并不比现在的微软名气差。但在以后电脑业大发展的时代,王安却倒下了。究其原因当然可以找出许多,但其中最重要的一条是不相信儿子以外的人。王安儿子企业管理与开创的能力远远不如当时在公司担任高管的一个美国人。但王安不相信这个"非我族类"的洋人,不听别人的建议,义无反顾地把公司交给了儿子,这个洋人被迫离去。他儿子接管后连维持也说不上,就一天天走向衰亡了。

中国人只相信自己"圈子"里的人,包括亲属、朋友、熟人。这才有信任的人是"同过窗、下过乡、扛过枪"的人。当年的同学结下了纯真的友谊,下过乡在艰苦地方共同奋斗互相帮扶的人有共同的命运,扛过枪在枪林弹雨中结下了生死情。这些人当然值得信任。但把信任限在这小圈子里,不相信陌生人,这就有点过犹不及了。

这种只信任"小圈子"的信任是有限信任,中国的商人都讲究诚信,但这种相互之间的诚信是有限的。晋商中的票号常说"万两银子一句话",不要任何抵押,甚至不用开借据就可以借给你一万两银子。但这种情况只适用于多年有经济往来深交深知的贸易伙伴"相与"。对陌生人,甚至有抵押、写借据,都不愿意借了。正是这种有限信任限制了票号做强做大,并转向现代银行。所以,当时代从传统经济转向全球经济时,他们就失去机会,令人惋惜地消失在历史的迷雾中。

在现代社会中有些行业是只有做大才能做强。企业做大就要打破家族企业走向股份制。股份制企业的基础之一就是对陌生人的信任。在经济开始发展时，以有限信任为基础的家族企业是有活力的。"打虎亲兄弟，上阵父子兵"这时是适用的。亲人在一起，信任是天然的，共同奋斗也没什么利益之争。但以后呢？先别说企业做大之后亲人之间也会发生利益冲突，就是亲人是可信的，你的儿子、孙子一定像你那样有企业管理才华吗？你的后代中就不会出现挥霍家财的花花公子吗？不相信其他人，不把能干的陌生人引入企业管理层，选择接班人时不是用人唯才而是用人唯亲或唯"圈子"，企业别说基业长青了，恐怕连两代人都持续不下去。王安电脑公司不就是二代而亡吗？

香港、台湾地区的许多华人企业做不大，跳不出家族企业的框架，也与这种有限信任相关。世界上与华人相似只信任"小圈子"的还有意大利。这种信任搞个黑手党倒是十分方便，但用在企业上就不行了。至今意大利南部经济仍然不算发达，缺乏在全球有影响的大企业，正与这一点相关。

跳出"小圈子"的有限信任，走向高层次的普遍信任，经济才有前途。这种普遍信任是一种可贵的社会资本。它对一个企业、一个社会的重要性并不亚于物质资本或人力资本。美国、德国、日本这些国家都有这种社会资本，因此它们有不少在世界上颇具影响力的大企业。这些大企业资金雄厚、人才济济，又能承担创新中的风险。正是它们引领着科技进步的潮流，也掌握着高科技时代的牛耳。

如何打破小圈子建立这种高层次的无限信任？首先要建立一套社会诚信制度。从根本上说，社会的无限信任要由法律和制度来保证。社会上对失信者的惩罚，公司内各层次人明晰的权责利，都属于建立无限信任的法律和制度。其次就是人们要通过各种形式加强互相了解。这在许多国家就是各种民间的协会组织，如爱打桥牌者的桥牌协会等等，这种协会建立了人们交往了解的桥梁，是社会信任的基础。当然,通过道德教育树立一种互相信任的社会风尚也必不可少。

　　从低层次的"圈子"信任到高层次的无限信任有一个发展过程。我们正处在这个过程中,而且步伐越来越快。这是中国的希望与未来。

四类物品各走各的道
——市场与国家

世界上有不同类型的物品,用不同的方法生产和分配。这可以从一个角度说明市场与国家的关系。

根据什么对各种物品进行分类?我们有两条标准。一是物品的排他性,即一种物品具有的可以阻止其他人使用该物品的特性。二是物品的竞争性,即一个人使用一种物品将减少其他人对该物品使用的特征。

根据这两个标准,我们把世界上的物品分为四种类型:私人物品、俱乐部物品、公共物品和公共资源。各类物品不同的特点决定了它们是以市场调节为主,还是以国家调节为主。

第一类是私人物品,即个人购买并消费的物品。这种物品有排他性,即你购买并消费就排除了其他人消费。也有竞争性,即你消费了一个,别人就要少消费一个。我们生活中绝大多数物品都属于这一类。这类物品,你要消费就必须购买,这就有了需求;企业生产这类物品有利润可赚,这就有了供给。双方在市场上竞争,形成双方都可以接受的价格。市场机制的调节,就可以实现供求平衡,资源配置最优化。因此,这类物品完全由市场调节。尽管这类物品的一些是人们生活的必需品,且由少数企业生产,有相当高的垄断性,如电、天然气、水或某些药品,让市场供求自由定价会损害消费者或生产者的利益,所以由政府定价或实行最低或最高价格。但政府定价也要根据市场供求关系。政府实际上也是遵循市场经济规律的。

第二类是俱乐部物品，如高尔夫俱乐部的打球服务。这种物品由一个俱乐部的成员共同所有，对非会员具有排他性，在会员内也要付费才能享受，也是有排他性。但并没有竞争性，俱乐部成员有限，他们也不会天天来享受。这类物品在经济中无足轻重，并不会影响其他众多消费者与社会。他们的经营也完全按市场经济的规律。收取的会费和每次享受所收的费用都根据供求定理来确定。政府对这类物品只有法律上的限制，如不得从事非法活动，例如一个俱乐部里不能有赌博、卖淫之类的非法活动。

第三类是公共物品，如国防、国家投资建设的高速公路、基础教育等。这类物品既无排他性又无竞争性，如国防，你不可能把任何人置于国防保卫之外，而再多保卫一个人，其他人的安全也不会受损失。而且这类物品可以"搭便车"，即不购买也可以享用。因此，这类物品一般由国家提供，国家用征收的税收来提供国防。但这类物品有一些仍然会有竞争性，如高速公路，当不拥堵时，谁都可以免费使用，多一个人在路上开车，也不会减少别人的通行；但当道路拥堵时就有了竞争性，多一个人开车别人就会更拥堵。因此国家也采用市场方法形成排他性，即收费才能通行。这就是用市场经济的办法来经营公共物品。类似的有参观博物馆收费等。这时收费并不是要弥补成本或赚取利益，而是为了有排他性，限制需求。也有些国家对高速公路这类公共物品进行私有化，让私人企业修建并在一定时期内收费。在这个时期内就成为私人物品。当然，这类可以私有化的公共物品在公共物品中占的比例是极少的，并不改变公共物品的总体性质及国家承担的特点。

第四类物品是公共资源，如海洋中的鱼。这类物品有竞争性而无排他性。你多抓了一条鱼，别人就要少抓一条鱼，这是竞争性。但你捕鱼无法排除其他人捕鱼，这就是无排他性。这类物品是最难管理的，尤其它往往是全世界的，而不是一个国家的。如果是一个国家的，可以采用收费、限定禁渔期等方法来实现排他性，但海洋是全球的，你无法把自己的制度推行到公海。这就引起公有地悲剧，过分捕捞形成海洋鱼类资源枯竭。但无法通过产权明晰来解决，只能通过国际协商，制定一些国际公约。然而这也难以完全消除"搭便车"，如世界有禁止商业捕鲸的协定，但日本仍以科研为名捕鲸并在市场上出售，这就是一个难以解决的问题。类似的问题还有野生动物、环境污染等。

从这四类物品来看，主要的调节机制仍然是市场机制，但有些物品需要国家提供，亚当·斯密是市场经济的倡导者，但他也主张国防、社会秩序、社会保障由政府承担。再持自由主义观点的经济学家也没有否认这一点。这说明经济中市场机制的调节是主要的，但市场机制不起作用或作用不完善的仍然要由国家补充。这种补充对经济是十分重要的。不能由于仅仅是"补充"而忽视。一个经济，只有市场与国家结合，市场经济的运行才能给人民带来福祉。

人体器官不能交易

——市场机制不是万能的

2001年4月12日，美国《波士顿环球报》刊登了一篇题为"一位母亲的爱挽救了两条生命"的文章。内容讲的是，一位名叫苏珊·斯蒂文的妇女，儿子急需换肾，她愿捐出自己的肾挽救儿子的生命，但她的肾不适合儿子用。医生建议她把肾捐给不相识的人，作为交换，她的儿子排在等待换肾者的第一位。结果两个病人都换到了肾，恢复健康。

这篇文章的本意是歌颂母爱伟大的。曼昆在《经济学原理》第四版中用这件事写成一个案例研究"人体器官市场是否应该存在"，来说明市场交易的效率。这个案例研究一直保留到最新的第八版，可见曼昆很欣赏这个案例。

在这个案例研究中，曼昆提出，是否能让这位母亲用肾来换治疗癌症的医疗费，或者用肾为她儿子支付学费或者为儿子换一辆新凌志车呢？这些也都是母爱啊！他进一步分析，正常的人有两个肾，实际只有一个在工作，另一个属于闲置资源（不知医学专家是否这样认为）。在美国，等一个肾要好多年，每年有成千上万的人由于换不到肾而死亡。如果允许肾交易，价格调节会使供求平衡。卖肾者增加了收入，买肾者恢复了健康。市场上缺肾的状况消失，岂不是交易让他们双赢吗？而且，大多数人带着一个无用的肾走来走去，需肾者又由于缺肾而死亡，这公正吗？允许人体器官市场存在，买卖双方获益，不正是贸易的互惠与市场机制的伟大吗？

从经济学的逻辑来看，这种分析的确无懈可击。但为什么至今并没有多少经济学家支持这种看法，也没有哪个国家，甚至最开放的荷兰，建立人体器官市场，允许人体器官合法交易呢？

从法律的角度上看，这种人体器官的交易，即使在经济理论中理由充分，在现实中也难以实施。有人体器官交易，也必须以自愿为前提。但如何判断自愿呢？这在法律上很难。现在存在人体器官的地下交易，存在穷国向富国走私人体器官。一些黑社会残酷地割下正常人的器官去出售，许多人是被迫的，但黑社会会强迫他们签下自愿割肾的合同，也可以强迫他们在法庭上证明自己自愿。一旦人体交易合法化，黑社会岂不可以合法地交易人体器官了吗？自愿在法律上极难界定。安乐死应该是一件好事，当年周恩来夫妇也赞赏安乐死，让垂死之人少受痛苦而有尊严地离去。但至今除了荷兰等极少数国家，世界上并没有普遍实施安乐死。这就在于安乐死以自愿为前提，但垂死之人的自愿是自己的真正自愿，还是受家人的胁迫，无法界定。

从道德上看，人的生命尊严是至高无上的。捐赠器官是一种崇高的行为，但出卖器官去换取更多的钱或享受，就为社会伦理道德所不能容忍了。人可以出卖自己的劳力与智力，但不能出卖作为生命一部分的器官，这是现代伦理道德的下限。而且，如果允许人器官的交易合法化，卖肾的一定是穷人，富人即使一个肾是闲置的，也不愿出售。穷人卖肾，富人买肾，这等于富人剥夺穷人的生命来延长自己的生命，这符合社会公正的原则了吗？更别说，有些穷人去卖肾是为了酗酒或吸毒，如同为儿子换个凌志车一样。

这个案例研究还涉及另一个更深层次的问题：经济学讲不讲道德。经济学家认为，实证经济学是解释世界是什么，因此在实证分析时，必须摆脱价值判断，客观地分析了事情本身，从而得出经济学不讲道德的结论。但如果这种实证分析得出了，类似人体器官实现交易双赢的结论，在法律和道德层次上不能为社会和一般人接受，除了过一把逻辑推理的瘾之外,又有什么意义呢?经济学家都是有价值观的人,即使在实证分析中也会有意无意地体现出这一点。经济学还是要讲法律与道德的。抛弃道德观的分析即使能存在,也是无意义的。

  捐肾母亲的故事仅仅说明了母爱之伟大,这个故事再跨过一步变为人体器官交易就是谬论了。

华盛顿共识不是一般规律
——市场经济的不同模式

华盛顿共识是美国经济学家约翰·威廉姆森在 1989 年提出的。它是为深陷经济危机的拉美国家市场化改革提出的。但不少人把它作为市场经济的共同规律推销，用来指导它们的市场经济转型。

我们先来看看华盛顿共识的十条内容：强化金融纪律，控制政府预算赤字；重视基础设施、公共卫生和教育，不把钱用在政府与军方；税收改革、扩大税基、公平税率；金融自由化，市场决定利率；拉美有统一汇率，汇率有利出口；国际贸易自由化；消除对外资的限制；国企私有化；政府放松准入限制；法律保护私有产权。总体精神还是实行自由化，减少政府干预。这些实际是用自由放任经济学的思想来总结当前西方国家所做的。但也并不是所有西方国家都如此，更不是西方国家市场经济的共同规律。

西方国家市场经济也有不同的做法。比如对美国来说，财政赤字极为严重，而且美国政府也并不急于消除；美国的国防支出也巨大；国际贸易自由化也并不是一贯的、普遍的，它与欧盟等国家与地区的贸易战正说明这一点。西方国家的市场经济的确有许多共同之处，如以私有制为基础、有完善的法律体系保护私有制、金融市场开放程度高、对外贸易和外贸开放程度等等。但其差别也是明显的，比如欧洲国家，尤其北欧国家过分重视社会保障与社会福利，引起许多问题，被称为"北欧模式"或"北欧社会主义"。欧盟内部各国市场经济的做法也不完全相同。

西方国家与其他发达国家的市场模式差别更大。如果说西方的市场经济更偏重于自由放任，那么亚洲的日本、韩国、新加坡更加注意国家干预，国家在经济中的作用要大得多。他们的模式也被称为"东亚模式"。

西方和东亚国家在市场经济和经济发展程度上都是相当高的。它们的模式都不一样，你能让那些发展中国家照搬它们的模式吗？何况它们的模式也不一样，要照搬哪一个呢？

不同的国家有不同的国情、历史传统与社会文化，同样地，市场经济当然不会完全相同。不同的历史时期有不同的经济与社会发展情况，所采取的市场经济模式也不同。德国走的路就与英国不同，德国是以保护贸易起步的，如果它们一开始就和英国一样自由贸易，还会有今天的成功吗？要起步时比较落后的国家一步实现今天发达国家走过二百多年的市场经济，和要求一个上小学的孩子学高等数学一样不现实。

现在从20世纪50年代初起就开始的发展经济学失败了，它的失败就在于要把西方市场经济的规律和做法用于一个刚脱离原始社会的国家。换句话说，就是想让这些国家克隆西方的模式。结果发展中国家还不是贫穷落后依然如故吗？

一位外国记者也总结出了"北京共识"。我们的市场化改革的确取得了全球瞩目的成绩。我们是根据中国国情并学习各国市场经济过程中一些适合于我们的经验走出了独特的社会主义市场经济之路。这种做法在中国的成功取决于我国的历史传统和现实特点。我们并没有说自己是什么"北京共识"，更没有想把它作为一种模式，让其他国家复制。我们从来认为，各国都有自己特殊的国情，都应该摸索走适于自己的道路，而不要盲目模仿甚至克隆别人成功的经验。

市场经济有一些共同的特征，如产权明晰、法制健全、有道德底线、公平竞争等。但这些特征并不是模式，而且各国体现这些特征的具体形式也不同，所以市场经济并无普遍适用的模式，只有各国自己的模式。

　　再回到华盛顿共识不是市场经济不变的模式。它是针对拉美国家提出的,但许多拉美国家并没有采用,或者根本就不适于拉美的国情。到现在拉美国家也还没有完全走出经济困境。这种"好心"开出的药方,至今没有人服用,能称上是什么"共识"吗?

微观篇

第三篇

一条售价近亿元的鲨鱼标本
——供求决定价格

由英国艺术家达米安·赫斯特指导制成的一条鲨鱼标本,题为"生者对死者无动于衷",以1200万美元(按当时的汇率约合近一亿元人民币)被超级富翁、SAC资本顾问公司的总裁史蒂夫·科恩买下。

这么高的价格并不是由谁确定的,而是由市场的供求力量自发决定的。形成这个高价的根源还在于需求与供给的力量。

谁需要这种价高而又没有实用价值的东西?这种需求不是来自实用的欲望,而是来自炫耀的欲望。由这种欲望而产生的需求被称为炫耀性需求。为这种需求进行的消费是炫耀性消费,即一种显示自己金钱和支付能力的消费。这就是要告诉世人,看我多有钱!富人购买这种极高价的艺术品可能是为了显示自己的艺术欣赏能力或收藏水平,以进入在社会上有地位的某美术馆董事会,或者让社会认为他是经济金融圈中有文化素养的富人,或者就是为了显示自己的实力,以使人们信任他经营的公司。这种种心理都是购买天价艺术品的原因。这些因素决定了需求。

当然,这种购买也可能出于投资的需求。一般来说,艺术品是可以保值增值的。在未来它的价格会更高。只有今天价高的东西未来才会更价高。所以购买天价艺术品已经成为富人投资的一种方式。当他的资金暂时没有合适的投资机会时,他会选择艺术品,等待未来增值或在自己经营困难时变现。

炫耀与投资加在一起就使天价艺术品有需求。

从供给来看，生产成本决定最低供给价格，但由于种种原因，它的实际价格会比成本高许多倍。这条鲨鱼标本征求鲨鱼的广告费6000英镑，买鲨鱼4000英镑，包装与运输2000英镑，再加上标本制作费用，远达不到1200万美元。价格是如何上去的呢？

一件艺术品的供给稀缺性首先取决于它的制作者，即这位艺术家的知名度。艺术品市场上名家的作品即使草草几笔也比一个制作认真、有水平，但作者无名的艺术品的价格贵不知多少倍。只有名家的艺术品才可以用作炫耀，也才会保值增值。这条鲨鱼标本的制作者达米安·赫斯特是有名的现代艺术家，他的作品在艺术品拍卖市场上屡创高价。标上他制作的任何东西一上市场就是高价。

一件艺术品要能达到高价还需要相应的组织或人的吹捧。这个鲨鱼标本能卖到天价就是有著名的收藏家萨奇的称赞，并由著名画廊高古轩经手。萨奇是世界顶尖的现代艺术品鉴赏、收藏权威，高古轩又是排名世界数一数二的艺术品画廊。经萨奇点评，又在高古轩出售，卖出高价就不奇怪了。当然，画商和世界名牌艺术博览会也是使艺术品达到天价的推手。

艺术品市场实际是一个垄断市场。从供给来看，某些艺术品是由某一位艺术家创作的，而且只有他一个人创作。供给就被画商或画廊垄断了。而且这种市场上信息极不对称，作品的制作成本、真正的艺术价值、未来增值的能力，需求者都知道得不多。这个市场上充满了不确定性。这种不确定性会引起风险，有亏损的可能，也有赚大钱的机会。这正是投机性投资所需要的条件。这类似于股票市场，但比股票市场不确定性更大。

无论多么奇特的价格，或者高得离谱，或者低得让人不敢想象，归根到底都是由供求决定的。但决定供求的因素并不像教科书上讲得那么简单。决定需求与供给的多种因素及其错综复杂的相互关系就决定了各种超乎想象的高价或低价。

价格机制是市场经济的关键因素,它决定着市场运行。价格又由供求决定,正因为如此,萨缪尔森风趣地说,你可以让一只鹦鹉成为一名经济学家,你只要教给它两个词,那就是供给与需求。

从经济学看京剧的兴衰

——京剧的供求

经常有人呼吁挽救京剧,言者情深意切,甚至上纲到事关中国优秀传统文化的存亡或者爱国主义的高度。但现实中京剧还是在无可挽回地衰落。从经济学的角度看,京剧的兴衰都有其深刻的经济社会背景,非人力所能为也。

与任何一个行业一样,京剧的兴衰仍取决于市场供求关系,就京剧而言,需求更为重要。京剧作为一种高雅艺术,它的存在要靠市场需求。只有在市场需求足够大时,京剧才能赚钱,至少收支相当,能养活以京剧为业的人员。

二百多年前"徽班"进京能发展成以后的"国粹",完全靠市场需求。京剧的兴盛是在清代"同光中兴"时期。那时的清王朝内忧外患不少,但上层社会还是一副歌舞升平的景象。清朝的体制形成了一个有闲阶级。这个阶级有钱,生活不用愁,玩得起艺术;有闲,有时间玩艺术;有文化,会玩儿艺术。这个有闲阶级包括达官显贵和家财万贯的文人雅士。他们人数不少,且集中在北京。这就形成一个京剧这种高雅艺术的需求群体。他们的购买力足以支撑起京剧艺术。京剧正是靠这个有闲阶级兴盛起来的。

宫廷的青睐、达官显贵和文人雅士的附庸,使京剧成为一种高雅的文化享受。由于示范效应,这种风气还扩大到民间,京剧有了广泛的社会基础,需求更大了。尽管戏曲艺人在传统社会中地位并不高，但出名的红角被封为"内廷供奉"，既享有相当高的社会地位，又拥有丰厚的收入。这才引出贵族小姐非某戏子不嫁的风流韵事。京剧的发展吸引了一批有才华的人投身这一行业，这就增加了供给。任何一种高雅艺术，如芭蕾、歌剧、交响乐，都是靠这个有闲阶级的需求发展起来的。没有钱就没有高雅艺术。

京剧供给数量增加、质量提高，不仅靠有闲阶级的钱，也需要他们的欣赏水平。演员认真在台上唱与做，台下的人则沉浸在一种无言的享受中，观众脸上满意的神情是对演员莫大的鼓励。观众要知道什么时候叫好，什么时候鼓掌，每次都恰如其时，演员才能发挥到极致。观众对演员的严格要求是艺术精益求精的动力。记得梅兰芳先生讲过一件事。有一次他演《霸王别姬》，有段唱词的某个地方随便带过去了，没想到谢幕后有个观众到后台指出他没唱出水平的地方。从此以后，他对每个细节都极为认真。当时的观众都是造诣相当深的京剧艺术家，有些还是能登台客串的高水平票友。有这样的观众，京剧的供给能不精吗？需求与供给使京剧达到了顶峰。

清亡之后这个有闲阶级仍然存在，所以京剧仍然有一段夕阳余晖，1949年后这个有闲阶级消失了。尽管还有人看京剧，京剧也存在，但市场需求少多了。"文革"中的样板戏是京剧的畸形繁荣时期。在老戏迷看来，京剧的传统美已经不存在了。而且样板戏更强调的是其所宣传的革命精神，不是它的艺术形式。

改革开放之后，人民富裕起来了，也形成了一个还不算大的有钱、有闲、有文化的有闲阶级。但他们的爱好变了。过去有闲阶级能欣赏的高雅艺术形式并不多，没有什么可与京剧竞争的替代品。如今高雅艺术多元化了，有闲阶级可以欣赏芭蕾，听各种音乐会，看古典歌剧。文化层次低一点儿的也可以看电影、电视剧，或其他艺术形式。在艺术品的供给中不再是京剧一枝独秀了。加之，电视、电脑、互联网日益普及，有闲人士可以用各种形式欣赏高雅的艺术，不必跑大老远去剧场听京剧了。何况欣赏京剧需要相当高的文化和艺术欣赏水平。如今又有几个人懂京剧艺术？即使在有闲阶级中能欣赏京剧又愿意欣赏京剧的人的需求也不足以支撑起一个京剧市场。需求没有了，供给也没有了，京剧哪有活路？

京剧在今天的衰落并不是高雅艺术的衰落，只是高雅艺术的更新换代。多种高雅艺术存在比京剧一枝独秀是时代的进步，也是艺术的进步。这在历史上是正常的，昆曲当年不就被京剧取代了吗？无可奈何花落去，不必为京剧的衰落悲伤。

为什么不生二胎
——生孩子的经济学分析

经过三十多年极为严格的计划生育之后,政府终于放开二胎。但在以"多子多福"为传统的中国并没有引起全民欢呼。有生育能力的年轻人也不配合。别说有文化的白领了,就连农民工亦是如此。甚至丁克家庭、不结婚者还与日俱增了。这是为什么?

应该说,这种现象还是符合世界趋势的。人口学家把世界人口的发展划为三个阶段。从远古到工业革命前一直是第一阶段,人口出生率高,死亡率高,增长率低。工业革命之后是第二阶段,人口出生率仍然高,但由于营养与卫生医疗条件的改善,死亡率大大下降,人口的增长主要在这一阶段。现在世界有70亿人口还是这一阶段打下的基础。"二战"后进入第三阶段,总体上是人口出生率和死亡率都低,人口增长缓慢。在一些发达国家甚至出现人口负增长,尽管国家又用钱,又用爱国主义激励,也无济于事。劳动力不够只好靠移民。我们的计划生育正好赶上我国的第二阶段,所以有"超生队"的出现。但21世纪后我们逐渐进入了第三阶段,所以放开二胎也并没使人口增加多少,至于过去生五个以上的"英雄母亲"今天看不到了。

人口的变化是社会学现象,但可以用经济学来研究,也就是用成本-收益分析法来研究。也许你会说,我们生孩子从来没考虑过什么成本和收益,生孩子也不是做生意为赚钱。你的确没有这样想,但你是无意识地按这一原则来决定生几个孩子的。

先来说成本,农业社会中生孩子、抚育孩子成本都低。过去的妇女没现在那么娇气,生个孩子还要工资近万元的月嫂侍候。当时生孩子能吃几个鸡蛋、喝几碗小米粥就享大福了。生个孩子也就是添双筷子。养十个八个都不难,至于上学等给老师点"束脩"也没几个钱。何况妇女也没什么工作,没什么文化享受,闲着也是闲着,就生孩子吧!那时生五个孩子怕是算不上英雄了,否则就会"遍地英雄下夕烟"了。

现在生孩子和抚养孩子的成本太高了。别说上私立贵族学校了,就是上一般学校,从幼儿园到大学要花多少钱?许多农民工都说"生不起",其实就是抚养孩子庞大的投资,我没有算过这笔账,不过大家可以算一算,更重要的是生孩子要放弃的东西,即机会成本。过去妇女没工作,生孩子几乎没有机会成本,如今对一般妇女来说,机会成本太大了。首先是放弃了学习、晋升、加薪的机会。女人的天性是母亲,无论有祖父母一辈如何帮助,母亲总会分心去关照儿女,即使你再有志,也难免受影响。其次是放弃了休闲活动,有了孩子,出国旅游总不方便了吧?晚上与朋友喝点小酒聊聊天的机会也少了吧?晚上想读点儿书,对不起,还要辅导孩子的功课呢。养一个孩子各种成本加在一块有多大,做父母的都心知肚明。

再说收益。可以把生孩子作为一种投资。过去的收益还是蛮大的,十来岁就可以帮着干农活,16岁就是壮劳力了。至于可以考上进士是光宗耀祖,那收益就是暴利了。何不多生几个投资呢!何况这笔投资的风险并不大,无非夭折几个算是失败的投资。何况"养儿防老",孩子还是一笔养老的投资呢!当时孝道治天下,这笔投资的回收还是有保证的。

现在人们没有这种投资的想法了,许多人都知道,孩子指望不上,也就是这笔投资,即使有收益,能否收回也是一个风险极大的问题。现在的人想依靠儿女的很少了,即使养老靠的也是养老金和社会保障制度,反而是"啃老"者多起来了。

经济上对孩子没什么期望，这种投资可以看作一笔感情投资。希望在精神上得到儿女的温情和慰藉，在精神上得到欢乐。不过这种投资风险更大。现在有多少孩子像过去的孩子一样尽孝道？有的甚至连"阳奉阴违"的假惺惺的温情都没有。即使有孝心的，也没有能力，工作太忙了，压力太大了，哪有时间去体贴二老？现代家庭关系淡化，父辈与子辈的温情交流，即使没有代沟，也少多了。技术发达，提高了工具的先进性，过年过节发个教条式的微信就算尽孝心了。我的许多年轻朋友都看透了这一点，要一个孩子意思意思可以，再多来几个？打死也不干。出生率能不下降吗？

总之，过去生孩子收益大于成本，所以"多子多福"。如今生孩子成本大于收益，所以一孩是上限，丁克更好。计划生育是可以强制不生的，但提倡生育是不可以强制的。人口正常替代率，即保持人口规模不变的比率，是每个育龄妇女生 2.1 个孩子，但如今我国已降至 1.5 以下了。我国人口基数大，现在还看不出出生率下降的危险，但将来总有一天会为中国人口太少感到发愁，如同今天西方国家遇到的情况那样。这是杞人忧天吗？

英国商人的失算与汽车进入家庭
——什么是需求？

这两件事有什么关系？我把它们放在一起说明需求这个概念就有关系了。

经济学把需求定义为需求欲望与购买能力的统一，缺一都成不了需求。有购买能力而没有需求欲望不是需求，有欲望而没有购买能力也不是需求，我用这两个例子正是要说明这个问题的。

鸦片战争之后，英国商人为打开中国广阔的市场而欣喜若狂。当时英国棉纺织品中心曼彻斯特的商人估计，中国有4亿人，假如有1亿人晚上要戴睡帽上床，每人每年仅用两顶，整个曼彻斯特的棉纺厂日夜加班也不够，何况还要做衣服呢？于是他们把大量洋布运到中国。结果与他们的梦想相反，中国人根本没有戴睡帽的习惯，衣服也用自产的丝绸或棉布，洋布根本卖不出去。他们送来的餐具、钢琴和其他商品也是同样结果。

按当时中国人的购买能力，还是有不少富人戴得起睡帽，也消费得起洋布。为什么英国人的洋布卖不出去？关键在于中国人没有消费洋布的欲望。当时中国仍然是自给自足的经济模式，甚至每一个家庭都是自给自足的。商品交易仅限于一些自己无法生产的商品，如盐、点灯的油或生产工具。他们多年来习惯了穿自己家织的布做的衣服，根本不知道睡觉要戴睡帽，甚至不知睡帽为何物。至于刀叉餐具、钢琴等更是闻所未闻了。即使再富的人也不会消费这些东西。英国商人想把洋布卖到中国正如要到广东去卖防冻膏,到尼姑庵去卖梳子一样。

购买欲望取决于消费者的嗜好。这些嗜好要取决于消费需求的生理和心理需求,也取决于消费者的文化修养、社会地位等等。每个消费者的嗜好都与社会消费习俗相关。消费习俗作为社会习俗的一部分取决于一个社会的文化历史传统与经济发展水平。

鸦片战争后中国仍然是自给自足的经济,并在此基础上形成了保守、封闭的社会习俗,对外国来的东西采取强烈抵制的态度。这正是明清以来实行闭关锁国的社会基础,也是乾隆皇帝一次又一次地拒绝外国通商的原因。鸦片战争可以用武力打开中国的大门,但不可能一下摧毁了自给自足的经济基础和保守封闭的意识形态。英国人可以凭船坚炮利把商品送到中国,但无法强迫中国人购买。正如一句谚语所说,你可以把马拉到河边,但你不能强迫它喝水。

汽车进入家庭则是与购买能力相关。最初德国人迈巴赫、奔驰、戴姆勒发明的汽车只是富人购买。20 世纪 20 年代之后,人们的购买能力提高了,福特的 T 型汽车价格降低了,汽车才开始进入家庭。福特公司支付工人每天 5 美元工资主要是为了激励工人,但还有一个次要的目的就是让工人买得起自己工厂生产的 T 型车。这对 T 型车的推广也起了一定作用。

我国人民在 21 世纪前购车的欲望也极为旺盛。当年的汽车展哪一次不是人头攒动,一票难求?那时一辆汽车的价格是人们年收入的十余倍,而根据国外的经验,只有汽车价格与年收入的比例达到 1.5∶1 时,汽车才有可能进入家庭。此外,在考虑家庭的汽车购买能力时,不仅要考虑汽车本身的价格,还要考虑与使用汽车相关的价格和方便程度,例如学习驾驶汽车的费用,购买汽车的各种附加费用,如车辆购置税及其他附加费用,修车费、汽油价格、保险费、养车费、维修费等。那时买汽车是可想而不可办的事,直至 21 世纪后,我国经济发展迅速,人民收入增加迅速,汽车和各种相关服务的价格下降,汽车进入家庭才由梦想变为现实。说起来汽车普及也就是近十多年的事情。

两件不相关的事共同说明了需求的定义。这就是它们之间的联系。这告诉我们进行市场预测，一定要同时考虑需求欲望与购买能力，否则你就会和当年的英国商人和中国汽车商那样失望。

多收了三五斗与谷贱伤农
——需求弹性

中学时学过叶圣陶先生的短篇小说《多收了三五斗》。风调雨顺，农民每亩地多收了三五斗。但丰收并没有给农民带来收入增加，反倒是价格大幅度下降，每担稻谷从过去的15元跌到5元，且奸商乘机盘剥，压级压价，不给现大洋，甚至不给当时信誉颇好的中国银行银行券，只给打白条。农民丰收了，反而现金收入减少，生活更苦了。这种现象在中国历史上屡见不鲜，被总结为谷贱伤农。

要了解谷贱伤农的原因还要知道经济学中需求价格弹性的概念。需求的价格弹性又称需求弹性，是衡量一种物品的需求量对其价格变动反映程度的指标，用需求量变动百分比除以价格变动百分比。例如，巧克力价格上升了10%，它的需求量减少了15%，那么巧克力的需求弹性就是 15%÷10%=1.5。你会觉得这个计算有问题，因为价格上升应该为正，需求量减少应该为负。这个计算式应该是 –15%÷10%=–1.5。这样理解是对的。不过我们已经知道，一种商品需求是与其价格呈反方向变动的需求定理，为了方便起见就可以略去正负号，只计算变动的绝对值。

我们可以根据需求弹性的大小来判断不同商品需求量变动对其价格变动的反应程度。如果一种商品需求量变动的比率大，价格变动的比率小，需求弹性就大于1，我们称这种商品为需求富有弹性。这表明这种商品的需求量对价格的变动敏感。正如我们举的巧克力的例子。如果一种商品需求量变动的比率小，价格变动的比率大，需求弹性就小于1，我们称这种商品为需求缺乏弹性。这表明这种商品的需求量对价格变动的反应迟缓。例如盐，假如盐涨价10%，需求量只减少1%，盐的需求弹性就是1%÷10%=0.1。如果需求量变动率与价格变动率相同，需求弹性为1，我们就称这种商品为单位需求弹性。这种情况现实中并不多，根据美国的调查，普通衣服的需求弹性就接近于1。

各种商品的需求弹性是不同的，比如根据美国的调查统计，汽车的需求弹性为1.14，家具为1.26，燃气、电和水为0.92，烟草为0.61，食品为0.12等等。

什么因素影响某种商品需求弹性的大小呢？最重要的是需求的必需程度。越是生活必需品，需求越缺乏弹性，如上面说的食品和我们举的例子盐。越是属于奢侈品，需求越富有弹性，如上面说的家具和我们举的例子巧克力。其次取决于相近替代品的可获得性。一种商品的替代品越多，越容易得到，需求就越富有弹性，如我们说的巧克力，许多食品都可以替代它，需求就富有弹性，相反几乎没有什么东西可以代替盐，它就极为缺乏弹性，有时我们也称这种商品是一种刚性需求。当然还有其他因素我们就不一一分析了。

一种商品对不同的人，需求弹性也不同，例如一种商品对富人是需求缺乏弹性的，而对穷人则是需求富有弹性的，许多商品就是这样。对富人涨价"毛毛雨啦"，对穷人则影响生计。

需求弹性对企业的总收益和利润影响极大。总收益等于销售量（即需求量）乘价格。所以，商品的需求弹性不同，价格变动引起的需求量变动不同，总收益变动也不同。

需求富有弹性的商品，价格下降后需求量增加就多，总收益增加，例如一种商品需求弹性为2，价格由2元降为1.8元，降价0.2元即10%，需求量从10单位增加为12单位，即增加20%。在价格为2元时，总收益为2元×10=20元，在价格为1.8元时，总收益为1.8元×12=21.6元。这就是需求富有弹性的商品经常采用降价促销的原因。需求富有弹性的商品提价，需求量减少得更多，从而总收益会减少。

需求缺乏弹性的商品，价格下降后需求量增加得少，总收益减少。例如，一种商品需求弹性为 0.5，价格由 1 元下降为 0.9 元。降价 0.1 元即 10%，需求量从 10 增加为 10.5 即 5%。在价格为 1 元时，总收益为 1×10=10 元，在价格为 0.9 元时，总收益为 0.9×10.5=9.45 元。粮食属于需求缺乏弹性商品，这正是丰收后，粮价下跌，收入反而减少的原因。也就是谷贱伤农的原因。需求缺乏弹性的商品提价，需求量减少不多，从而总收益会增加。

当然，总收益改变不一定等于利润的变动。这就是说，总收益增加不一定利润增加。总收益减少不一定利润减少，因为利润不仅涉及总收益，还涉及成本变化的情况。

叶圣陶先生的《多收了三五斗》，丰收了农民反而收入减少正在于粮食需求缺乏弹性。需求弹性的概念运用极广。在我们以后的文章中还会涉及需求弹性这个概念。

彩电由短缺到过剩
——供给与供给弹性

记得20世纪80年代时彩电相当紧俏,有不少人就是靠"倒彩电"发财的。当时国家严格控制彩电价格,尽管也不算低,但还是有相当一部分人买得起。买彩电凭票,彩电票就成了商品,成了货币。据说有的彩电厂把彩电票作为奖金发给员工。每张彩电票卖到好几百元。20世纪90年代之后,彩电供求趋于平衡。再往后就是彩电供大于求,卖不出去,又爆发了降价风,拉开了彩电价格战的序幕。回顾这一段彩电史,我们可以认识到价格如何决定供给。

供给是供给欲望与供给能力的统一,不过对供给来说,欲望并没有能力那么重要。除了在特殊时期供给商"囤积居奇"或者名画这类特殊商品,画家或画商出于某种目的不愿出售,或者房地产商等待涨价的"捂房"之外,一般情况下只要价格适合,都有供给的欲望。不像需求情况下,消费者无购买欲望一样。供给能力则取决于生产能力,而生产能力又取决于资源、技术、劳动等因素。

与需求一样,供给也有弹性。供给由价格调节,供给量对价格做出的反应程度就是供给弹性,供给弹性的计算方法是供给量变动的百分比除以价格变动的百分比,例如一种商品的价格上升了10%,它的供给量增加了15%,这时供给弹性就是15%÷10%=1.5。注意与需求弹性不同的是,由于供给是与价格同方向变动,所以供给弹性的值一般是正的。主要的例外是劳动市场上,工资率高于一定点时，工资再增加，人们用闲暇代替劳动，劳动供给反而减少。

如果供给量变动的百分比大于价格变动的百分比，则供给弹性大于1，称为供给富有弹性。如果供给量变动的百分比小于价格变动的百分比，则供给弹性小于1，称为供给缺乏弹性。

决定一种商品是供给富有弹性还是供给缺乏弹性主要取决于两个因素。一是时间的长短。在长期内，适应市场需求的变动，一切生产要素都可以调整，从而供给富有弹性。在短期内，一些生产要素（如固定设备、厂房、管理人员等）不能调整，能调整的只是原材料、工人等。因此，短期供给不能适应需求而变动，供给缺乏弹性。二是产业不同，供给弹性不同，这是与一个产业调整生产要素所需要的时间相关的，实际是时间因素的延伸。有的产业，全部生产要素调整不容易，因此供给缺乏弹性的时间就长，如钢铁等行业。有的产业全部生产要素调整容易，因此总是供给富有弹性，比如一个小冷饮店。

我们用供给和供给弹性的概念来分析彩电行业供给的变化。彩电生产需要许多大型生产设备和技术工人，且当时许多彩电零部件要靠进口，这样在公众对彩电的需求增加时，尽管需求增加受到收入限制，增加得有限，但国内彩电的供给能力受到限制，因此出现供小于求的状况。本来这时让价格上升会使彩电厂利润增加，有利于彩电厂供给能力的增强，但当年出于稳定社会的需要，严格控制彩电价格上升。供小于求，又不许涨价，所选择的只有三种方式：凭票购买、黑市交易与"走后门"。要是企业是民营的，就无法增加投资，供给小于需求的状况相当长时间内解决不了。这时供给短缺。好在我们国家当年的彩电厂都是国企，这就可以由国家投资彩电厂来增加供给。20世纪90年代是我国彩电设备与零部件大进口时期。这样供给增加，彩电市场供求平衡了。但国家这种不考虑经济利益的大引进，使各省出现了无法抑制的彩电投资热。当时全国除了西藏每个省至少有一个彩电厂，许多省还不止一两个。但人民购买能力的增加毕竟没有那么快，而且彩电属于耐用消费品，更新也没那么快。于是，90年代末彩电就又供大于求了。各彩电厂为了卖出自己的彩电，价格战就不可避免地开始了，且越打越激烈。

我们注意，如果不是国家的大量投资，让市场自发调节，短期中彩电供给缺乏弹性，但价格刺激了投资，很快进入长期，供给就富有弹性了。当时我国还没有从计划经济转向市场经济，出现这样的过程也可以理解，政府投资毕竟是急公众之所急，为公众的幸福考虑，也无可指摘。

我们回顾彩电行业的这一段历史是为了说明供给与供给弹性这两个重要的概念。理解这两个概念对我们分析各种经济问题还是十分重要的。同时从这段历史也可以看出我国市场化改革的曲折与艰难，也可以理解今天市场化改革带来的进步之伟大。忘记历史意味着背叛。理解历史才能认识到更美好的今天和明天。

谁为奢侈品消费税付出代价
——弹性与税收归宿

1990年，美国国会通过决议，对游艇、私人飞机、珠宝、皮草、豪华轿车这些奢侈品开征奢侈品消费税。本来的想法是，这些奢侈品全部由少数极富有的人消费，对这些奢侈品征收消费税，税收负担由富人承受，把这些税收收入用于社会保障和社会福利，可以更多地帮助穷人，实现了公平，又十分合理。没想到这种税开征之后，这些东西的消费大大减少了，生产这些奢侈品的企业裁员或倒闭，承受这种税收负担的变成本来应得到补贴的低收入者。这真是"打在贾宝玉身上，疼在贾母心上"。

我们知道，税收分直接税和间接税。直接税就是税收负担由纳税人直接承担，比如个人所得税、财产税、遗产税等。间接税就是税收负担并不由纳税人直接承担，部分或全部可以转移给其他人，如营业税、商品税等。间接税的负担要由生产者和消费者分摊。奢侈品消费税就属于间接税。这种间接税的负担分摊称为税收转嫁或税收转移。最后的税收承担者就是税收归宿。

这种税收负担的分摊，即多少由生产者承担，多少可以转嫁给消费者，或者说谁是税收归宿，就取决于所征税商品的需求弹性和供给弹性。从需求弹性来说，如果这种商品的需求富有弹性，生产者承担的税收负担就多，消费者承担的税收负担就少。这是因为这种商品增加税收时，如果价格上升，需求富有弹性时，消费者可以大大减少消费，从而价格无法上升，生产者只好自己承受税收负担。如果这种商品需求缺乏弹性，生产者承受的税收负担就少，消费者承受的税收负担就多。这是因为，如果这种商品增加税收，价格上升，需求缺乏弹性时，消费减少得有限，从而生产者可以通过提高价格，把税收负担转嫁给消费者，生产者就承受得少了。

从供给弹性来看，这种商品供给富有弹性时，生产者承受的负担就少，消费者承受得多。因为生产者可以大幅度减少供给，这就可以通过提高价格，把税收负担转嫁给消费者，生产者承受的税收负担就少了。这种商品供给缺乏弹性时，生产者承受的税收负担多，消费者承受的少。因为生产者无法大幅度减少生产，税收无法通过提高价格转嫁给消费者，生产者就承受得多了。

总之，一种商品需求富有弹性而供给缺乏弹性时，税收主要由生产者承受，消费者承受得少，奢侈品正属于需求富有弹性而供给缺乏弹性。这类商品的替代品很多，如不用私人游艇，坐豪华游船出去同样享受，不买私人飞机，乘客机的头等舱同样舒服。这样如果增加税收，提高了价格，他们就不买了，而且在短期内这些奢侈品又缺乏弹性。税收主要由这些奢侈品的生产者承受。如果生产者无力承受，企业经营困难，只好关闭或裁工人了。

这样，工人承受了这种税收的负担。他们生活极为困难，上街游行。工会及其在议会的代理人也反对这种税收，于是这个法案在1993年又撤销了。

可惜我国不少人没有接受这个教训。21世纪初也有号称著名经济学家者提出类似的提案。多亏多数人还是明白的人，这个提案并没有实施。

这个案例给我们的教训就是不要用劫富济贫的方法救助低收入者。让富人多消费，多生产奢侈品，GDP可以增加，就业可以增加，工人的收入也可以增加。富人的奢侈养活了更多的人，有什么不好呢？早在二百多年前，乾隆皇帝就明白了这个道理，反对扬州盐政要富有的盐商节俭过日子的想法。他并不知道什么现代经济学，但经验让他悟出了这一点。说来不好意思,号称著名经济学家的教授都不如二百年前的乾隆。他的经济学是什么?经济学家不懂经济还写劫富济贫的愚蠢口号,真是时代的悲剧。

解开吉芬之谜
——需求曲线特例

需求定理告诉我们,在消费者收入、嗜好、社会习俗等条件不变的情况下,某种商品的需求量与其价格反方向变动,即价格下降,需求量增加;价格上升,需求量减少。这个定理是经验规律,不必证明。但19世纪爱尔兰统计学家、经济学家吉芬爵士发现,在19世纪爱尔兰大饥荒时,土豆的价格上升了,需求量却增加了。这种与需求定理相违背的情况被称为吉芬之谜,这种价格上升需求增加的物品(如土豆)被称为吉芬物品。吉芬之谜的深层次原因是什么?吉芬物品又是哪一类物品呢?

这首先涉及消费中的收入效应和替代效应。我们知道,收入是影响需求量的重要因素。需求量定理先假设收入不变,是为了简化要说明的问题,先假设其他条件不变,研究需求量与价格的关系。但我们在分析需求时还要同时考虑各种因素。收入效应就是收入变动对需求量的影响,即收入增加,各种物品的需求量都增加,收入减少,各种物品的需求量都减少。替代效应是指一些物品能满足某种需求,如面包和大米都可以满足食用的需求,因此它们之间存在不同程度的替代关系,这种替代关系受收入与各种可替代物品之间相对价格的影响。

收入增加,可以用价格更高的物品替代价格低的物品,比如用肉代替粮食;收入减少也可以用更便宜的物品代替贵的物品,如用粮食代替肉。两种可替代物品相对价格的变动也会影响这两种物品的替代关系。如相对于苹果，香蕉更贵了，人们就会用苹果代替香蕉。

我们用这两种效应就可以解释吉芬之谜。19世纪爱尔兰发生大饥荒，人们的收入普遍减少了，所以对各种物品的需求量都会减少。但人必须吃食物才能活下去，不可能不吃。各种食物的价格由于灾荒都上升了，但上升的比例并不同。当时的现象是，面包价格上升的幅度大，而土豆价格上升的幅度小。人们只好用价格相对低的土豆代替价格相对高的面包。从而土豆的需求量和消费增加了。

我们把需求量与价格反方向变动的物品称为正常物品，把这种需求量与价格同方向变动的物品称为吉芬物品或低档物品。当人们收入增加时，即使土豆的价格下降，面包价格上升，人们也仍然会用面包代替土豆。但经济学家一直在想，现实生活中有没有这种吉芬物品呢？

2008年美国经济学家罗伯特·杰森和诺兰·米勒在中国湖南省进行了为期五个月的实地考察。他们随机地送给所选家庭购物券，以补贴这些家庭对当地主要食物大米的购买。并通过调查来衡量大米消费量对价格变动的反应。他们发现了贫穷的家庭表现出吉芬行为的有力证据。补贴带来的是，大米价格下降引起了这些家庭减少他们的大米消费量，用其他更好的食物代替大米。取消补贴则起了相反的作用。他们把这一调查结果写成文章，发表在《美国经济评论》上。他们认为这是第一个对吉芬行为的严格经验证据。

需求量与价格同方向变动的还有一种物品是炫耀性物品。消费这种物品不是为了它的实用价值，而是为了炫耀自己的富有以及由财富带来的社会身份。因此，这种物品越贵越有人买，需求量越大；越便宜，越没人买，需求量越小。因为贵才足以显示富有身份，便宜就没有这种作用了。比如，我们在现实中看到，那些做工也精细，但不是名牌的包即使再便宜也卖不出去，而名牌包价格再贵人们也争着买。其实就装东西而言，两种包的作用是一样的。但前者没有炫耀作用，后者有，在市场上差别就显示出来了。这就是名牌的价值所在。

其实每个人都有炫耀的心理,起码要使用与自己身份相称的产品,许多年轻人的炫耀心理特别强,还在网上显示自己的名牌包。随着经济发展,收入增加,人们炫耀的能力更强了。所以炫耀性物品会越来越重要,就是实用的物品也要考虑炫耀的作用。经济发达之后,吉芬式的劣等品逐渐被淘汰了,倒是吉芬式的炫耀物品越来越重要了。

楚王好细腰
——消费时尚的形成

中国古代有一则楚王好细腰的寓言。这个寓言说的是：楚灵王喜欢苗条细腰的大臣，众臣子为了得到楚灵王的恩宠而纷纷节食减肥，追求"骨感美"，结果个个饿得面黄肌瘦，弱不禁风。

不管这个寓言当年的含义是什么，讥讽什么，从今天经济学的角度看，我们完全可以用它来解释一个时代的消费时尚的形成机制。

在市场经济中决定需求的因素之一是欲望，而决定欲望的因素很多，但其中关键的一个是社会的消费时尚。一个社会流行的消费时尚影响一个人的嗜好，从而影响欲望与需求。那么，消费时尚如何形成呢？从楚王好细腰中我们可以看出，一种消费时尚的形成，要有人先做榜样，或者说做示范。那么什么人能做示范呢？如果是一个普通官员喜欢细腰苗条的宫女，那么绝不会有示范作用。宫女们才不屑这个官员喜欢什么样的女孩子呢！这就说明，具有示范效应的只能是上层人士。楚王就是最上层的人，他的喜欢与否可以决定臣子的命运，臣子们就唯他的好而好了。其实臣子们大概也不知道细腰好在哪里。他们追求骨感美时还要不吃饭，用各种方法减肥，痛苦不堪。但为了得到楚王的恩宠，众臣子都这样做，每个臣子也就盲从地跟着做了。楚王好细腰，我们称为示范效应，即榜样的力量，众臣子不问为什么，一味地减肥，我们称为羊群效应，即像羊一样不明就里地跟着头羊走。楚王的示范效应加臣子的羊群效应就在朝中形成一种以瘦为美、减肥成风的时尚。

三千多年过去了，楚灵王和臣子们也都消失在历史中了。楚王好细腰与今天的消费时尚有什么关系呢？

今天能起示范效应的当然不是楚王。但一定是有地位、有财力、有社会影响的人。在国际上是发达国家的富人起示范效应。一种消费行为首先由发达国家的富人采用，然后为一般民众接受，从而形成他们的消费时尚。在全球化的今天，发达国家的这种消费时尚也对其他国家有示范效应。先是其他国家的富人学，然后是公众学，最后这些国家也有了这种消费时尚，于是就成为一种国际消费时尚。示范效应形成消费时尚的过程就是：发达国家富人→发达国家公众→其他国家富人→其他国家公众。现在全球打高尔夫球的消费时尚就是这样形成的。高尔夫球是英国的贵族先打的，贵族当然有示范效应，于是普及其他人。打高尔夫球的消费时尚在其他国家先由上层人士学，然后其他人学，连条件不够的老人也要打一种类似高尔夫球的门球。

为什么向富人学？其实这是包括人在内的动物的一种本能。动物行为学家做了一个实验。先教会小猴子吃苹果前洗一洗，把它放回猴群，不仅没有猴子向它学，反而认为它是离经叛道，痛打它。然后教会猴王吃苹果前洗一洗，把它放回猴群，所有猴子不问为什么都学会了吃苹果前洗一洗。为什么同样的行为小猴子做示范就没有猴子学，猴王做示范就每个猴子都学？人和动物都有崇尚比自己高的动物的本能。所以，我们不以比我们低的人为榜样，而以比我们高的人为榜样。

各国人以发达国家为榜样打高尔夫球，过圣诞节就是众臣子减肥细腰的羊群效应。羊群效应就是不管三七二十一，不问为什么，盲目地跟着学。

现代社会在楚王的示范效应和众臣子的羊群效应之间还加了一个中间环节：广告效应。这就是通过广告把楚王的示范效应无限地放大，从而社会上的羊群效应也更大。这使一种消费时尚的影响更广更快，受诱惑的羊群更多，羊群效应也更大。这就是企业为什么不惜重金在各种媒体上做广告，又为什么不惜重金请名人做广告的原因。广告对消费时尚的形成及对需求（也就是销售）的影响是巨大的。经济学中有一个概念是需求的广告支出弹性，即广告对需求的影响有多大，计算方法是需求量增加的百分比/广告支出增加的百分比，比如说，某种产品的广告支出增加了10%，它的需求量增加了15%，那么需求的广告支出弹性就是1.5。据国外的经验统计，需求的广告支出弹性大的商品主要有汽车、化妆品、出国游、保健品。这正是这些行业广告支出巨大的原因。当然，今天的广告不仅是电视、报纸这些媒体了，互联网、电影、口口相传等都有广告的作用。

在楚王那个时代，消费时尚的形成是示范效应加羊群效应，所以细腰这种消费时尚的影响有限。如今消费时尚的形成变成示范效应加广告效应再加羊群效应。这种消费时尚的影响就不知扩大了多少倍。所以，对企业而言，引领消费时尚是一件极为重要的事。

红旗车的悲剧
——炫耀性商品

想当年，红旗车何等辉煌！红旗车以其高贵典雅的造型、精致的手工工艺、宽敞的车身，代表一种极高的社会身份，成为人人皆知的名牌。不仅中国人崇尚红旗车，连外国人也仰慕。看如今，红旗车被作为一般代步的汽车，几乎退出了市场。对汽车品牌耳熟能详如数家珍的汽车爱好者，有几个人还知道红旗车的辉煌？

红旗车的这种悲剧就在于生产者给它定错了位，把它从炫耀性商品变成一般性商品，失去了名牌的光环。

人的欲望是决定需求的因素之一，需求又决定了消费行为。人的消费不仅仅是满足物质需要，还有精神欲望。远古时代人们用珠子作装饰品就是要满足爱美的精神欲望。随着社会的发展，人们越来越富裕，这种精神欲望就越来越重要。精神欲望就表现在对炫耀性商品的需求上。这种炫耀性需求引起的消费被称为炫耀性消费。这种消费的主要目的不是实用，而是用来显示自己的财富或社会身份。只有高价名牌的商品才能起到这种炫耀的作用。因此用来炫耀的商品一定是名牌而又高价。

这种炫耀性消费的概念是美国制度学派经济学家凡勃伦在《有闲阶级论》一书中提出来的。他认为随着经济的发展，社会上出现了一个有闲且有钱的阶级，他要使他日常生活中遇到的陌生人对他的金钱力量留下深刻的印象，唯一可行的办法是不断地显示自己的支付能力。只有高价的名牌产品能起这样的作用。因此，这种商品就成为炫耀性商品，消费这些商品就是炫耀性消费。凡勃伦是资本主义的批判者，他对这种炫耀性消费是持冷嘲热讽的批判态度的。从今天来看，这大可不必。显示身份的欲望自古就有，也是人的一种本能。何况这种消费又不会危害社会，还可以增加这些生产炫耀性商品行业的就业，让这些工人富起来。

红旗车当年就是炫耀性商品，它生产工艺讲究，而且使用有相当严格的限制，能坐上红旗车无疑是身份的炫耀。汽车当然有交通的实用功能，但那些顶级名牌车如劳斯莱斯、宾利、迈巴赫更多的作用还是炫耀身份。如黑色劳斯莱斯只有皇室才能购买使用，从这种车上下来的人定是皇室成员。当年克林顿退休后想买一辆黑色劳斯莱斯，但他并非皇室成员，未获准，只好买了一辆接近黑色的深蓝色劳斯莱斯。

炫耀性商品只有高价才有炫耀的作用。所以它不会降价促销。生产它的企业不是靠增加销量来获利，而是靠高价获利。如今英国的汽车工业衰落了，但劳斯莱斯、宾利不是照样辉煌吗？红旗车的悲剧就在于改革开放之后定错了位。把炫耀性的红旗车降为普通交通工具，走向大众化。但作为普通车它就远不如奥迪、别克、本田、丰田这些中外合资的车更有竞争力。失去了炫耀性的作用，又没有作为交通工具用车的竞争力，虽然几次努力企图翻身，但终究没有成功。我们现在在大街上很少看到红旗车了。一种商品的炫耀性品牌形成是极不容易的。红旗车从1958年起步，由于特殊的历史条件形成了它显示最高身份的品牌。如果沿着这条路走下去，改进性能，保持原有的车型与工艺、加上严格的购买条件，哪个大款不想买一辆炫耀一下？也许那样的话，克林顿就不去买黑色劳斯莱斯而是来买黑色红旗了。

不仅汽车，许多产品都是炫耀性商品，如价值43万元的爱马仕包、1200万元的百达翡丽表等。还有些商品是兼有实用性与炫耀性的，无非不同的商品有些偏重实用兼顾炫耀，而有些也可以实用，但以炫耀为主。企业在进行生产和销售时一定要明白这一点。我们要向消费者提供各种实用的消费品，满足一般消费者的要求。但也不要忘了少数富人的炫耀性商品需求。随着经济发展，富人越来越多，这个市场也会越来越大。看看现在人们对路易·威登手包、杰尼亚西装等的崇尚，你就会明白这一点。

买涨不买落
——需求与预期

大家在许多地方的房地产市场上会注意到一种现象：当房地产市场热，价格上升严重时，人们反而抢购，无论多贵，买到房子就行；相反，当房地产市场冷，价格下降时，人们反而现在不买了，持币待购。在其他商品市场上也能看到这种现象。这种现象与需求定理说的某种商品的需求是与其价格反方向变动的说法也不一致。不过不是商品的特点引起的，而在于预期对需求的影响。

预期对人们的经济行为有重要的影响。这是因为人们的决策不仅要根据他们见到的当前事实，还要对未来会发生的事做出预期。因此研究人们预期形成的机制，是经济学的重要内容。

不同的经济学家对预期的形成机制做出了不同的解释。英国经济学家凯恩斯认为，人们的预期是无理性的，有很大的随机性，由他的心理感觉决定。所以企业家有时会由于自己心情好而乐观预测未来，也可能由于心情忧郁而悲观预测未来。这种预期会影响投资决策，从而形成经济周期性波动。美国经济学家弗里德曼提出了适应性预期理论，认为人们是根据过去的状况来预期未来，但可以根据过去预期失误的经验对预期做出调整，短期内预期可以失误，长期中不会。美国经济学家卢卡斯提出了理性预期理论，认为人们可以根据充分的信息做出合乎理性的预期，所以预期即使是短期的，也不会犯系统性错误。作为个体，人的预期可能犯错误，但作为整体，人的预期是理性的。个人预期的失误会由于大数定理而抵消。这些预期理论对宏观经济的各种问题和政策做出了不同解释。这一点我们会在其他文章中介绍。

就决定人们需求的预期来看，有几点现实的限制。第一，人们在做出预期时所根据的信息是不完全的。因为搜寻信息的代价相当高，人不可能也没必要为一个购买决策付出那么大的代价收集信息。第二，人不是理性的。他们不可能客观冷静地根据已有的信息做出预期。第三，在预期时有盲目的羊群效应，即从众心理，根据网上各种或真或假的信息，以及其他人的预期而做出自己的预期。因此，消费者在购买时所依据的预期往往是随机的、错误的。

他们买涨不买落的购买行为正来自这种预期。他们会预期，现在的房价高，意味着以后还要上升，因此趁房价还没上升到十分高时把房买下，这就是买涨。他们也会预期，现在的房价低，意味着以后还会下降，因此持币待购，反而不买落了。无论这种预期和决策是否正确，有不少人就是这样预期的。当然房地产商也会利用这一点推波助澜。当房价高时，请房地产专家来讲以后房价的走势。这就是火上浇油使买房热更热。所以买涨不买落与需求定理并不矛盾，只不过这时影响需求的价格不是现在的价格，而是消费者预期的未来价格，从而把购买行为提前了。

影响需求的不仅有价格，还有其他因素。因此影响需求的也不仅是对未来价格的预期，还有对其他因素的预期。这些其他预期中最重要的就是对自己未来收入的预期。我们注意到，年轻人会舍得花钱购买，这是因为他们对自己未来的收入增加抱乐观的态度，即使支出大于收入也不怕，以后预期收入多了，有能力偿还。老年人则节俭，舍不得花钱购物。这就在于他们知道，自己以后没有赚钱机会了，养老金也会由于通货膨胀而缩水，还是能省就省吧。再比如对未来消费时尚的预期。消费者不买某种降价的皮包也许是由于他们预期到，未来这种式样会被更时髦的样式代替，现在买它过不久就太土了。

预期其实是非常复杂的。经济学家的解释都有自己的目的。理性预期理论就是为了反对国家干预。消费者不一定按他们的理论预期。每个企业都要观察自己产品的消费者如何预期，从而采取适应的对策。也许这样问题会简单一点儿。

电动剃须刀的出现
——开发潜在需求

如今电动剃须刀已经相当普及了，男士几乎人手一个，外国女士也用它剃体毛。电动剃须刀是如何出现的呢？是消费者先有这种需求，然后生产者生产出来的呢，还是生产者先生产出来，消费者才有这种需求呢？显然，在电动剃须刀生产出来之前，消费者连做梦也没想到还可以这样刮胡子，哪有这种需求呢？这种需求是被生产者创造出来的。

消费者先有需求，然后生产者迎合消费者的需求进行生产被称为"消费者主权"，即消费者引导生产者的生产。生产者先生产出来然后通过广告促销等手段诱使消费者接受称为"生产者主权"，即生产者的生产引导消费者的需求。这两种情况是不一样的。前一种情况下，消费者是主动的，生产者是被动的；后一种情况下，生产者是主动的，消费者是被动的。当生产者由被动变为主动时，就开发出了消费者的潜在需求，需求就无限了，市场也无限了。

其实消费者的需求可以分为两类。一种是显性的，即可以表现出来，比如需要食物、衣服及各种生活用品，生产者知道用什么产品满足这种需求。另一种需求是隐性的，消费者并不知道有这种需求，更不知道用什么产品满足，生产者当然也没注意到。其实显性需求有不同满足的形式，这些形式消费者自己也没想出来。比如衣服是一种显性需求，原始人披的兽皮、树叶就是最原始的衣服。但人穿衣服还有美的需求，如何满足呢？他们不知道。生产者生产出色彩不同、样式不同的衣服就可以满足这种需求，衣服的样式不断变化，千奇百怪，而且随着时代而不同，因而这种基本生理需求就无限了。这正是服装不断发展的基础。

人的需求是无限的。美国心理学家马斯洛曾把人的欲望分为五个层次：生理需要、安全需要、归属和爱的需要、受尊重的需要以及自我实现的需要。这五个层次的需要表现在市场上就是需求。这些需求中只有生理需要是本能性的，取决于生存的欲望，是有限的。其他需要属于社会，是无限的。如今社会发展，人民富裕了，连基本生理需求的满足方式也是无限的。所以，消费者的需求是无限的，无非许多都没有表现出来，或者不知道用什么方式去满足。这就要生产者去了解，去开发。设计并生产出一种产品去满足消费者的一种潜在需求，这就是开拓市场。在这无限的需求中，你只要找到一种，开发出满足它的产品，企业还愁产品卖不出去吗？再回到电动剃须刀。刮胡子是男人的基本生理需求，想来原始人也要用石刀把他们太长的胡子割一下，否则太不方便了。后来有吉列剃须刀出现，解决了这个问题。但人潜在还希望刮胡子可以更快速、更便捷、更安全，用刀片刮胡子显然满足不了这种需求。生产者发现了这一点，他们模仿割麦子的机械生产出电动刮胡刀，可以更快速、更便捷、更安全地刮胡子。

但消费者不一定马上接受。把刮胡刀放在脸上，让它滚来滚去刮胡子，如同收割机割麦子一样，安全吗？不会刮破脸吗？收割机是不管土地的，刮胡刀不能不管脸。这时就需要广告了。企业可以让英俊男士在电视上表演如何用电动刮胡刀安全快捷地刮胡子，那个男士还一边刮一边笑呢，不一会儿一张干净的脸就出现了。这时就会有人试用电动剃须刀，他用了觉得好，向朋友推荐，这种口碑广告使电动剃须刀迅速普及，占有了市场。潜在需求就变为现实需求了。

世界上没有卖不出去的产品，只有消费者不需要的产品。只要生产者开发出潜在需求,让消费者跟你走,还有需求不足吗?如今是互联网时代,可以从大量信息中捕捉消费者的潜在需求,并把产品用互联网宣传。这样来寻找与开发潜在需求,不是比当年电动剃须刀的发明更方便吗?

优步、滴滴的突破
——技术推进市场化

美国是一个发达国家，但去美国几次甚感美国出租车服务之差。有一次和几个朋友去体验美国酒吧文化，还是在纽约，回来一直等不到出租车，只好由一位已是美籍华人的朋友叫妻子开车来接我们。还有一次与几位朋友坐一辆出租车，路上我们谈笑风生，到地点后司机听我们都说中国话就想"宰"我们。幸好我们其中一人是美籍华人，用英语斥责他，他才道歉收手。

除了我的经历外，在美的朋友也说，美国出租车有三大问题。第一，黑车特别多，也最不安全。第二，宰客常见，且多为身强力壮之男士为司机。第三，节假日、雨雪日，你越需要车，越打不到车。"市场上看不见的手"在美国的作用还没有发挥出来。

其根源仍在于政府管得太多，"看得见的手"缚住了"看不见的手"。一是出租车行业实行严格的准入限制，领一块出租车执照颇为不易。据报刊说，纽约一块出租车执照已炒到17万美元。许多人领不到牌照就黑车运行。据说如果让出租车行业容易进入，政府就会担心发生恶性竞争。其实那些当官的也不想想，如果这个行业车太多，赚不到钱，还有人进去吗？二是实行严格的价格管制，不过实际上又禁止不了宰客，连我这样不常去美国的人都遇上了一次。美国这个号称自由放任市场经济的国家，政府在骨子里并不相信市场的力量。

不过优步网约车的出现打破了政府的这些条条框框。有一次去美国，我在哈佛图书馆读几天书，每天女儿在网上约车方便得很，到闭馆我离开时就有出租车等在那里。上街随时约个车极方便，且没有被宰过，怪不得曼昆在以优步为案例时，题目就是"亚当·斯密会爱上优步"。

优步这样的网约车在中国就是滴滴。滴滴出现后至少有这样几个好处。第一，当然是公众叫车方便了，网上结账也避免了宰客之事。第二，出租车不必以"扫马路"的形式揽客了，节约了能源。约的车就在约车者的附近，很快可到。第三，更多的人可以就业，增加了收入。我坐的车有好几次，司机都有自己的工作，节假日出来兼个职，赚点外快。当然，网约车造成的两个问题是，传统的出租车公司，市场被网约车占去，揽客困难，如何转型？同时不会上网的老人打车困难，我就在此列。不过我不会用我的不方便来判断网约车的优缺点。此外，网约车出的刑事案件，或发展太快的公司出的许多问题也是传统出租车出过的。不能有点儿脏水而把孩子泼掉。

传统出租车存在的问题，根源上还在于官员从灵魂深处是不相信市场机制的。市场经济发展中出现的问题被这种思维放大，总觉得政府不管，市场经济就会一塌糊涂。以出租车为例，总怕进入的车多了，市场出现恶性竞争，或者司机会任意涨价，宰顾客等。其实市场机制本身有纠错能力。市场调节会使出租车行业供求平衡，车过多或过少自己都会调节。政府规定的进入许可，如何能保证市场供求平衡？难道确定一个城市出租车数量的官员是神吗？黑车的存在，打车难，正在于政府管制的错误。出租车宰客，甚至司机犯罪，网约车公司也会纠正这一点。它们也怕这些事网上曝光，坏了它们的名声，导致没人约它们的车。市场的力量会迫使它们改正错误，不用政府正儿八经地去"约谈"。政府总有点死了自己这个张屠户，老百姓就要吃混毛猪的担心，这也管那也管，以为自己公正又绝对正确。

无论是号称自由放任的，还是国家干预的，任何政府都有这种对市场不信任而横加干预的事。现在好了,技术进步,网约车出现,没有任何政府之手,出租车行业的痼疾一扫而光了,当然并不是说没有新的问题。这就是技术推动了市场化。如果亚当·斯密来中国旅游,他也一定会说"我爱滴滴",也会为中国市场化的进步而高兴。毕竟他生前知道的"停滞的中国"早已经成为过去了。

心脏支架的大降价

——价格竞争

2020年年底,医药界传来了令人振奋的好消息:心脏支架(冠状动脉支架)从过去的13000元下降到700元。这是心脏病患者及其家人的福音,医疗保障的支出大大减少了,个人的负担也减轻了。这是由政府采购方与生产商谈判的结果,也是生产者之间竞争的结果。如果说政府采购方代表需求者,生产者代表供给者,这就是市场竞争中供求双方竞争的结果。

中国在市场化改革的进程中,许多有利于社会、有利于人民的结果都产生于竞争,尤其是市场上供求双方之间和供给方之间的竞争。在世纪之交,先是彩电,以后又是VCD和微波炉展开激烈的价格竞争时,不少人还有些许不理解,认为是破坏市场的无序竞争,有的地方政府也企图限制。但没有什么能阻止市场的力量,竞争之后中国的彩电、VCD、微波炉企业有了长远的进步,人民也享受到价格更低、质量更好的家电。如今心脏支架大幅度降价又一次展现了包括价格竞争在内的竞争的神奇力量。

市场的活力在于竞争。竞争的方式是多种多样的,但价格竞争是主要的形式之一。市场经济的中心是形成一个合理的价格,即经济学中说的均衡价格。这种价格为消费者所接受,说明它与消费者的评价是一致的。同时,它又为生产者接受,说明它能在生产成本之外加上利润。这种均衡价格不是哪个机构决定的,而是在市场竞争的过程中自发形成的。

这种价格竞争的好处之一是打破垄断。只有一家企业的垄断强迫消费者接受价高质次的产品。过去美国的电信市场由美国电话电报公司（AT&T）一家垄断时，通话收费高，服务又不好，但消费者无可奈何。20世纪80年代以后，美国拆分了这家公司，并允许其他企业进入与它进行竞争，结果通话费下降了，服务也好了。我国的电信业也是在打破垄断后有了令人惊叹的进步，不仅人们通信更方便了，价格也大大下降了。过去安装一台电话要5000元，且还要送点礼走个后门才能装上。放开竞争后安装费大大下降了，不是你求他安电话，而是他求你安电话。

价格竞争的好处之二是迫使企业提高效率。竞争的动力来自企业内部的动力及外部的压力。追求利润最大化的动力可能使它提高效率，但如果没有外部的压力，这种动力作用也不大。但当面临许多企业步步逼近、愈演愈烈的竞争时，动力和压力加在一起不提高效率就活不下去了。只要这样想，提高效率的方法总是有的。

竞争的好处之三是把效率低下的企业赶出市场，让效率高的企业更加壮大。竞争就是一个优胜劣汰的过程。20世纪80年代当美国的民航市场放开后，各家民航公司展开价格战等形式的竞争，资格老而效率低的环球等大公司被淘汰或兼并。从租一架飞机起步的西南航空公司成长为今天成功的民航公司。

特别要指出的是，有些行业应该是寡头市场，即要求企业规模巨大才能实现规模经济。这个大鱼吃小鱼的过程也是通过价格竞争来实现的。在这种竞争中，实力强的企业可以用掠夺性价格，即极低，有时甚至以低于成本的价格来挤垮那些效率低的企业，实现规模经济。一百多年前，美国的汽车公司有近百家。汽车行业要求规模经济，应该是一个寡头市场，但并没有哪一家企业会自动退出市场。于是福特公司以掠夺性价格拉开了价格战的序幕。它一次又一次降价，一个又一个汽车公司破产、被兼并或重组。终于形成由福特、通用、克莱斯勒三家企业组成的寡头市场。这时美国汽车工业才真正强大起来，并走向世界。

价格竞争是残酷的，也是无情的，但没有这个过程，今天经济会有这么多进步吗？

过去中国的心脏支架竟然高达13000元，从如今降到700元看许多企业依然过得很好，说明过去这是多么暴利的一个行业！无论这种暴利长期存在的原因是什么，都只有靠代表需求者的政府采购部门和代表生产者的供给方的竞争，以及生产企业之间的竞争才会降下来，打破生产者的暴利。这就是竞争的力量，没有什么力量可以代替它。模仿高尔基的口吻：让价格竞争的暴风雨来得更猛烈些吧！

当然我们也要看到价格竞争尽管是竞争的主要形式，但不是唯一的形式，而且价格竞争是有限的，毕竟不能长期实行掠夺性价格，因此，我们还要注意其他竞争，如产品差别竞争，这种竞争才是无限的，在长期中也才能达到竞争的目标。价格竞争是短期的，最终会告一段落，也许会有下一次价格竞争，但在长期中毕竟产品差别才是最重要的，我想心脏支架也要在质量、服务方面下功夫。

经济学与人文关怀
——该涨不涨也不对

电影《辽沈战役》中塔山阻击战是一场重头戏。这一战打得极为惨烈。现场指挥向总指挥汇报死伤惨重。总指挥说，我问你阵地在不在。这就是说，无论死伤多重，一定要保住阵地。这场战争终于赢得了胜利。如果总指挥心慈手软，不忍战士伤亡，撤退下来，恐怕以后牺牲的人会更多。从一个局部看，减少伤亡是人文关怀，但从整体看，以这种牺牲换来胜利，才是最大的人文关怀。

2002年，我曾参加全国第一次价格听证会，讨论铁路票价要不要涨的问题。当时涨价与不涨价的争论激烈。这时我就想起《辽沈战役》。涨价，肯定会伤害一部分低收入者的利益，让他们春节有家难回。但不涨价，铁路运输始终处于超满员状态，加之铁路客运一直处于亏损经营，铁路事业如何发展？这就是短期涨价的缺乏人文关怀换来了铁路事业健康发展的长期人文关怀。

当时反对涨价的呼声极高，其理由是：第一，铁路是垄断者，以涨价弥补其效率低下引起的赔钱或想通过涨价赚钱，损害了消费者和社会的利益；第二，春节期间人们回家过年的需求是刚性的，涨价起不到抑制需求的作用；第三，春节乘坐火车者以低收入外出务工人员为主，涨价伤害了他们的利益，缺乏人文关怀。

这些理由看似有理，实际上都站不住脚。铁路部门由于其行业的特点，不仅在我国垄断程度高，在其他国家也是如此。而且即使在资本主义国家，许多国家的铁路也是国有的。但国有垄断企业也要进行成本-收益计算，长期赔本经营也是持续不下去的，何况铁路还需要投资以改善运输能力与条件。

以我国的铁路为例，客运实行低票价长期亏损经营一直未调价，尤其那些年各种物价上升，员工的工资也增加，铁路承受的压力极大。不涨价不仅影响长期发展，而且短期的经营也难以为继。靠国家财政补贴，国家财政也紧张，能补贴多少，补贴到何时？

涨价不能抑制需求吗？春节回家的确是刚性需求，但仍有抑制需求的作用。有少部分旅客是出去旅游的，涨价会使他们改变旅游计划，即使要回家的旅客也可以改变出行时间。何况铁路还是有替代品的，可以改坐长途汽车或者自己骑摩托车（当时有汽车者还少，但有摩托车者不少）。据铁路部门统计，1994年春运没涨价就人满为患。2002年涨了价，许多农民工改变了出行计划，拥挤程度就有所改善。

涨价对收入低的农民工的确有相当大的影响，但这是不是没有人文关怀呢？人文关怀应该是对大多数人的。在一些特殊情况下，少数人受到暂时伤害正是对大多数人的人文关怀，正如塔山阻击战中一些人的牺牲并不是没有人文关怀，而是一种更广泛范围内的人文关怀。塔山阻击战关系到辽沈战役的战局，也影响全国的战局。一部分人牺牲了，全国解放了，哪个才是最大的人文关怀？铁路涨价也同样如此，少数农民工的利益暂时受到伤害，但以后我国的铁路事业有了突飞猛进的发展，如今高速铁路居世界首位，畅通于四面八方。这不是全国人民的福祉，不是最大的人文关怀吗？在这次听证会上我是主张涨价的，但也提出，一次涨价的幅度不能过大，要根据铁路的供求状况和人民收入增加的现实，逐步地调整铁路票价。一次涨价太多是广大农民工无法承受的。尽管长期人文关怀最重要，但不是说短期人文关怀、对少数人的人文关怀可以完全不考虑。事实证明，这次的涨价是必要的，涨价的幅度也是合理的。

经济学家总是根据供求规律，提倡该涨价时就涨价。这经常被指责为经济学家没良心，没道德，缺乏人文关怀。其实这是误解经济学家了。该涨价时不涨价，总保持物价不变，还有经济发展吗？"文革"前物价稳定，但物质匮乏；如今涨价了，但物质丰富，人民生活安康。你选择哪一种人文关怀呢？

价格可以禁烟禁毒吗
——价格不是一放就灵

自从哥伦布发现了美洲，烟草在全世界普及后，吞云吐雾地吸烟成为许多人的所爱或者炫耀方式，吸烟成为一种时尚。以后越来越多的人认识到吸烟对个人身体、他人健康以及环境的危害。经济学家首先想到用市场机制，通过增加香烟的税收、提高香烟的价格来禁烟。根据实证研究，烟价上升10%，需求量减少4%。对年轻人而言，烟价上升10%，需求是会减少12%。看来增加税收、提高烟价对禁烟，尤其对禁止缺钱的青少年吸烟，还是有一定作用的。

不过这对吸烟多年已经成瘾的成年人作用有限，何况吸烟的支出在他们的总支出中所占的比例并不大。近年来，吸烟的人越来越少，不吸烟已成为一种新时尚。其主要原因并非市场机制的加税、提高价格，而是其他三项非市场机制。第一是医学研究证明，吸烟对人体的确有严重的伤害。也许吸烟导致肺癌的宣传有点夸张，因为肺癌的根源还在于遗传基因，这种基因的人不吸烟也会得肺癌，也许吸烟会加快加重一点儿，但没有此基因的人吸烟也并不一定得肺癌。不过吸烟对身体的其他危害还是公认的。第二是禁烟的宣传，比如不允许香烟用各种形式进行广告宣传，并强制性规定烟盒上要有"吸烟有害健康"的标识。你想，如果在烟盒上印一个骷髅头，不影响你的吸烟欲望吗？第三是公共场所严禁吸烟，否则重罚，并被大家看不起。别说重罚了，仅仅大家嫌弃的目光就让你不好意思拿出烟来抽了。总之，禁烟的成效主要还不是价格的。

如果说利用市场机制来禁烟还有点作用，但对禁毒就不仅没有积极作用，反而有负作用了。这就在于吸毒者一旦开始吸毒就必然成瘾，成为瘾君子，而且越吸越多。这时他们毒品的需求弹性为零，即需求量与价格毫无关系，决定这些瘾君子毒品需求量的不是价格，而是他们过瘾的生理需求。因此市场机制中的价格对禁毒是毫无用处的。所以毒品价格上升带来的不是需求量的减少而是犯罪的增加。瘾君子还是穷人多，即使原来有钱，成为瘾君子后也会变穷。他们的吸毒量不会由于价格上升而减少，但总支出增加了。毒瘾是势不可当的，为了获得更多的钱，他们就会去卖淫、偷盗甚至杀人抢劫。由吸毒而导致这类犯罪的人社会上并不少见。提高毒品价格有百害而无一利。

那么让毒品合法化，放开市场自由交易，让供求平衡呢？在法律明文禁止制毒、运毒、贩毒、吸毒的情况下，毒品的生产运输和交易都由黑社会控制在地下进行。因此毒品的供给受到严重限制，价格高是正常的。但毒品合法化不就可以对毒品征收高税收，增加了国家财政收入，同时又使毒品的供给大大增加，从而降低了价格，减少了由于毒品引起的其他犯罪吗？

毒品合法化，价格下降，必然引起更多人，尤其是识别、判断能力弱的青少年吸毒，一代年轻人被毁灭了，国家社会会如何？整个社会成为吸毒社会有多可怕啊！过去也曾有整个社会成为吸烟社会的历史，但香烟的毒害毕竟比毒品小多了，吸烟者也没有瘾君子那么顽固不化。至于增加国家财政税收，更是无稽之谈。税收是增加了，但能弥补整个社会吸毒带来的危害吗？恐怕连弥补吸毒引起的各种医疗费用都远远不够。

吸毒有害的宣传对没有吸毒的人，尤其青少年是有用的，也是我们该加强的，但对瘾君子则没有任何作用。这与禁烟可以让一些吸烟者戒烟完全不同。毒瘾远大于烟瘾。禁毒的有效方法还是法律上对制毒、运毒、贩毒、吸毒者的严惩。禁毒任重而道远。

我们讲这个例子是要说明，市场机制并不是万能的。那些盲目相信市场机制的人应该醒一醒，许多事情市场机制的调节是有用的，但有些事情市场机制的调节作用是有限的，有些事情市场机制根本没用，还要靠政府、法律和道德。认识到这一点，才能让市场机制更好地发挥它应有的作用。

新冠疫苗的定价方式
——政府定价

　　一位朋友的企业研制与生产新冠疫苗。我问他，新冠疫苗定价多少。他说，这要由政府来定价。他问我这种定价符合不符合市场经济的原则。我告诉他，市场上的商品有许多是由企业根据供求关系在竞争中定价的。但也有一部分商品是公共物品，或者对人民生活至关重要，又由少数企业垄断地生产，就应该由政府定价，比如国防用品、公立学校收费、水、电、天然气或某种特定药品。新冠疫苗正是这类商品。政府定价也是市场经济中定价的一种方法，正是市场经济原则的体现。

　　市场经济不应该是一个完全以利润为导向的经济，它的最终目的还是不断地提高人民的生活水平。有些产品由于规模经济的要求，或存在专利权，是由少数企业生产的。这些企业在市场上处于垄断地位。此外，这些商品又是人民生活必不可少的，需求极为缺乏弹性。如果放任完全由供求调节，企业很可能定高价以获取更多利润。这违背了市场经济的最终目标，因此由政府定价或由政府制定指导价，或由政府限定最高价，就是必要的。

　　教科书上讲，政府定价有两种方式：一种是平均成本定价，即按产品的平均成本定价；另一种是边际成本定价，是按产品的边际成本定价。实际上当产量达到一定规模，即实现了平均成本最低的最优规模时，平均成本等于边际成本。这些垄断性企业都实现了最优规模，所以在现实中常用的是平均成本定价。当然，政府在定价时还要考虑让企业有一个合理的利润。因此，政府定价采用的定价就是价格等于平均成本加合理的利润。比如一吨水的成本是2元，政府根据整个市场的平均利润率为5%，确定企业的合理利润为5%，即0.1元，水的价格就是2.1元。

这种定价方式看起来简单，企业报上成本，再加上合理利润，价格就出来了。实际上并不简单。关键是在成本的确定上。成本的确定在书本上讲很简单，实际上极为复杂。比如一个水厂，它的成本包括企业的管理运营成本、员工的工资、购买水源及输送的成本、净化水的成本、维护管道的成本、处理污水的成本等多得不得了，每一项下面还有许多小项。从企业的角度讲，总希望自己赚得多一点儿，总要把成本扩大一些，使上报政府的成本大于实际成本。政府当然知道企业的这点儿小算盘，要把成本压下来，使它等于真实成本。但政府官员没有企业管理经验，怎么知道哪些该算成本，该算多少，哪些不该算成本？何况如果企业行贿官员接受他们提出的高成本，价格岂不就上去了？当年发改委价格司成为腐败大案，不就是因为他们有成本审批权，有定价权吗？即使是廉政官员，不明白复杂的成本计算，也会上当。这样，政府定价不就伤害人民利益了吗？

所以政府要研究企业成本，并在成本上与企业谈判，力争企业报上来的是真实成本。对弄虚作假的企业也要惩罚。

政府对一些产品，如电、水、天然气，为了保护人民，尤其低收入者的利益往往压低价格，市场上的价格低于成本定价的价格。这就要靠政府财政补贴。假如政府认为水价2.1元，低收入家庭承受不了，市场价定为1.9元，与成本定价差0.2元。这样，如果水厂卖出1000万吨水，政府就要补贴200万元。但价格低时大家又不节约用水，财政补贴就成为一个负担，还鼓励了水的浪费。

这时可以采用阶梯定价。比如根据调查一个四口之家每月正常用水5吨。这5吨水保持低价1.9元。如果用多了就要支付更高的价格，如5吨以上水价为3元，用水越多，价格越高。而且这种价格是累进的。这就既保证了低收入家庭的基本用水需求，又让用水多的高收入家庭多拿钱。既节约了用水，也减轻了财政负担。我国现在水、电、天然气都是这样定价。既保证了用水、电、天然气的公平，又保证了效率。

政府定价绝不是政府拍脑袋定价，也有定价的规律与艺术。我们说，无论市场定价还是政府定价，都是一种市场经济的艺术。政府定价定得好，既有公平，又有效率。

限制房租是摧毁城市的好方法
——价格上限

20世纪90年代到美国进修时,到纽约去玩儿或办事就住在一个学生租的房子里。他住在曼哈顿,作为学生,他租的房子房租不贵,但极其破烂。我问他房子为什么这么破,他说,你忘了萨缪尔森的话了:"除了轰炸,房租限制是摧毁一个城市最好的方法。"这就是这句话最好的证明。

当时曼哈顿有极为严格的房租限制,对老住户,不许涨房租,通货膨胀下也只能每年调政府允许的几个百分点。换了新住户,房租可涨点,但涨的幅度也是政府规定的,违者严罚。这样,房东根本没有修房子的积极性,只希望房子赶快彻底坏掉,这样房地产商就会买下地盖更贵的商用房或高档住宅了。曼哈顿的地皮很贵,卖地比这样低价租房子合适多了。所以93%的经济学家认为:"租金上限降低了可得到的住房的数量和质量。"

房租限制也称为租金上限,是政府干预市场价格,实行的最高价格的一种形式。最高价格是政府规定的某种商品或劳务的价格上限。无论市场上需求如何大于供给,也不许突破这个规定。

当实行最高价格限制时,需求会增加,但供给不会增加,有些情况下还会减少。这样供求矛盾愈加尖锐。实行价格上限的物品长期处于供小于求的状况。计划经济下,我们几乎所有商品的价格都是由政府定的,而且偏低,这就造成"要吗没吗"的短缺时代。同样,曼哈顿的房租有上限,房东就不修房子,让它烂下去。也没有人想盖这种出租房。于是这里的住房更紧张了。所以,经济学家都主张,除了在战争、自然灾害这样特殊时期,对生活必需品实行短暂的限价之外,还是放开价格让市场自发调节好。我国市场化改革以来逐渐放开了价格,这正是现在我们经济繁荣、人民生活幸福、物质极大丰富的主要原因之一。

在实行限制价格、物质短缺的情况下解决这一问题的方法就有三种:配给(用票证)、排队(先来后到)、黑市与走后门。后两种方法浪费了时间资源(排队),也引起了社会的不正之风,甚至导致以黑市交易为主的黑社会组织出现,第一种方法又把本来无价的票证变成了有价的商品。没有一种方法的结果是好的。

而且,"上有政策,下有对策",群众的智慧是无穷的,总会使政府的价格上限失效。以美国租房市场来说,当供小于求时,急需房子的人就会与房东私下达成协议,以市场价格来租房子。双方也有办法应付政府的限制。比如,政府规定的房租上限是500元,但实际的市场价格是800元。双方就可以在房租合约中写上:房租500元,房中原有桌子一张,租金300元。其实这张破桌子连50元都卖不到,但你政府没有规定房中桌子的租金上限,我愿意花300元租这个50元不到的破桌子,你管得着吗?市场交易以双方自愿为原则,房租又没有超出政府的上限。在法律上,政府一点儿办法也没有,我们中国人称这种做法为"干气猴"。还可以用其他方法,如阴阳合同、私下给钱等。政府防不胜防,在这里倒看出来了,群众是真正的英雄。

其实政府实行价格上限,动机是特别好的,保护低收入者有房可住,维护社会的公正与稳定。可惜在实施中,"好心变成了驴肝肺"。有房子的人不愿把房子租出去了,盖房的人也不愿建这种出租房了,一个城市被摧毁了,有低价保护的低收入者到哪里去找房子?低价租房成了政府画在纸上的饼,有什么用?动机与效果是辩证统一的,你自称有好动机,良心极好,但效果甚差,这种好心有什么用。动机不是效果!

  我又想起,家长也抱着"为孩子好"的善良动机,逼孩子学不爱学的钢琴,上不愿学的专业。结果如何大家都知道。在市场经济中政府还是放下这种好心,让市场机制去调节吧!

蛛网理论与支持农业
——稳定农业的意义

农业生产有周期性。第一年的价格会影响第二年的生产（即供给），第二年的生产又会影响第三年的价格。经济学家研究了生猪生产与价格之间的这种关系。生猪的生产周期为一年左右。假如第一年猪肉价格下降，农民就会少养猪；第二年的猪肉生产量少了，价格就会上升，农民会多养猪；第三年猪肉价格又会下降；第四年生猪生产又会减少……如此循环下去。经济学家把这种情况画为一张图，价格和猪肉供给的关系就与一张蜘蛛网一样，所以，把这种解释农产品周期性价格与产量变动的理论称为蛛网理论。

蛛网理论表明，如果由市场自发地调节，由于农业生产的周期性，价格变动影响的是下一年的供给，所以，生产和市场也会出现这种周期性变动。这种变动既不利于农民生产的稳定，又不利于市场稳定，影响人民的生活。在我国的经济生活中也出现过这种蛛网或变动的周期。一时猪肉涨价，老百姓叫苦连天；一时猪肉跌价，猪农叫苦连天。而且如果猪农屠杀母猪，毁坏猪舍，改行做其他事，影响会更大。不仅养猪如此，许多农产品也都如此，例如粮价下跌时间长，把种地的土地用作盖房子，此时粮价再上升，这些地也不能种粮食了。岂不会影响一国的粮食安全，甚至社会稳定？

把农业完全交给市场，让供求自发地调节，农业产量就不稳定，食品价格有大幅度涨落，这不利于整个社会。因此各国都实行各种各样的农业支持政策。

各国都实行最广泛的是农产品支持价格。支持价格又称最低价格或价格下限，是政府为了支持某一行业而规定的该行业产品的最低价格。如果市场价格高于这一价格，就按市场价格交易。如果市场价格低于这一价格，则按政府规定的最低价格交易。在我国这一价格也称为农产品保护价格，当市场价格低于这种保护价时，政府按保护价格无限地收购农产品。

在国际上，农产品支持价格有两种做法。一是缓冲库存法，即政府或代理人按某种平价（保护价）收购全部农产品，市场按平价进行交易，并调节供求。另一种是稳定基金法，也是由政府或代理人按平价收购全部农产品，但并不按平价交易，而是在供小于求时高于平价出售，供大于求时低于平价交易。从而使农产品无论是供小于求还是供大于求都能总体上保持在平价水平上。

各国对农产品平价的确定方法也不完全相同。美国是根据平价率来确定平价。平价率是农民销售农产品所得到的收入与购买工业品价格（包括利息、税收和工资）之间的比率，即工农业品的比价关系。美国以1910—1914年的平价率作为基数来计算其他各年的平价率，按平价率来确定平价。法国是建立由官员、农民、中间商和消费者代表组成的农产品市场管理组织，由该组织确定目标价格（农产品的最高价格）、干预价格（支持价格）和门槛价格（农产品最低进口价）。当农产品低于干预价格时，政府按这一价格收购全部农产品。当农产品高于目标价格时，政府拿出库存或进口农产品。法国95%左右的农民都受惠于这种价格支持。此外各国还有出口补贴等支持价格的形式。

支持价格稳定了农业生产，保护了农民的利益，促进了农业的发展，整体上对社会是有积极作用的。但它也引起一些问题。首先是财政负担严重；其次是造成农产品长期过剩，欧美之间和欧洲各国农产品贸易发生的争论正根源于此；最后是削弱了农业的竞争力。因此，围绕农产品支持价格问题的争论不绝于耳。

支持价格只是治标，要解决农产品的问题还在于促进农业中的技术进步、加强农业的基础建设、加速农产品的深加工、调整农产品的结构、发展绿色农业等更为根本的政策。

特别要指出的是，农业对我国经济有特殊的重要地位。首先，我国有14亿人口，中国人的吃饭问题绝不能靠国外。目前我国的农产品进出口贸易属于产品的结构调整，不是总量供给不足。其次，我国的农业还比较落后，大力促进农业的技术进步，对提高我国的农业竞争力至关重要。最后，农村的现代化、农民生活的提高，对我国建成一个繁荣富强的现代化强国最为关键。党中央和政府十分重视农业问题，多年来每年的"一号文件"都是关于农业的，也采取了许多卓有成效的政策，使我国农业有了巨大发展，农民状况有了根本性改变。

过去我们常说农业是国民经济的基础，如今农业在GDP中的比重已大大下降了，但"无农不稳"仍是一条真理。

囤积居奇新解
——投机的作用

上小学时正赶上"三反""五反",对那些奸商投机倒把、囤积居奇牟取暴利而造成人民物资短缺的行径深恶痛绝。小小年纪就知道这些都是坏事。后来查词典知道,"投机"是"利用时机谋取私利","投机倒把"是"以买空卖空、囤积居奇、套购转卖等手段牟取暴利"。

与中文相比,"投机"(speculate)这个词在英文中是无贬无褒的中性词,意思是"思索"和"推测"。"投机倒把"译为英文是enage in speculation,直译出来就是进行思索或推测。希腊第一个哲学家泰勒斯预测到天气变化橄榄丰收,而把全城的榨油机包下来,第二年高价租出赚了大钱,一直被世人称之为明智之举,从未有人指责过。

在经济学中,投机就是利用自己对未来的推测从事有风险的活动,从中赢利。这样的目的当然是为了私利,但私利并不是贬义词,而是理性人的行为目标。不过理性人在进行投机时,却不自觉地帮助市场实现了资源配置最优化的均衡。正如企业家为了私利去创新,同样推动了社会进步一样。

有一种投机为囤积居奇,也就是跨时期投机。以农产品为例,需求是稳定的,但不同时期的供给大大不同。这就引起农产品价格波动,且影响人民生活和社会稳定。农业丰收时,供给大大增加,价格下跌，农民受损失；农业歉收时，供给大大减少，价格上升，消费者受损失。囤积居奇正是在农产品价格低时大量购进，农产品价格高时大量售出。既从中牟利，也稳定了价格，有利于农民和消费者。这种行为有风险。如果长期丰收，囤积者就无法居奇，反而要赔钱了。所以，从事这种活动的人必定有胆识，敢冒险，又有实力。我的家乡山西临汾，适于挖储藏粮食的窑洞。有一富人亢氏者就从事这一活动，成为明代大富，家产有上千万两银子，粮店遍及北方各地，是早期晋商中的佼佼者。

另一种投机为投机倒把，也就是跨地区的投机，或长途贩运。如果A地农业丰收，价格下跌，而B地农业歉收，价格上升，投机者就会从A地购买运到B地出售，从中牟利。这种活动也称为套利。这种活动的客观结果是，A地价格上升而B地价格下降，全国形成统一的价格。投机者赚的实际是长途贩运的劳动及承担风险的暴利，凭的是自己的信息、胆识与辛苦，并没有什么不合理之处。在现实中，许多产品、汇率、利率正是通过这种套利活动而走向统一，形成单一价格的。

可见这两种投机活动在客观上都起到了稳定市场、稳定价格的作用，也有助于形成一个统一的国内市场甚至世界市场。正如美国经济学家弗里德曼所说，一个市场上，投机活动越活跃，市场也就越稳定。投机活动，无论在物品市场上、外汇市场上、服务市场上、资本市场上还是期货期权市场上，看起来似乎把市场搅乱了，实际是在乱中实现治，稳定市场。投机产生于市场经济，是市场本身自发形成的一种稳定机制。

投机活动不仅稳定了市场，减少了波动，而且也承担了风险，是分摊风险的一种有效机制。比如新的高科技企业通常通过发行债券（称为垃圾债券）和股票（称为垃圾股）来筹集资金。它们未来的收益前途难测。也许创业成功，垃圾股成为蓝筹股，也许真成为垃圾。购买这些垃圾债券和垃圾股的投机者根据预测进行投机，成王败寇。但没有它们，银行又不贷款，高科技企业如何发展？

投机者为稳定市场和承担风险做出了贡献，他们的活动是市场所需要的。许多人只看到他们得到的暴利，而没有看到他们付出的辛劳与所承担的风险，也没有看到成功者背后那一大群失败者的惨状。只见狼吃肉，不见狼挨揍。他们进行的也是经济所需要的承担冒险的事业。得到暴利又有何不对？

对投机倒把的各种误解、指责来自传统社会中对商人的贬低，也是市场交易不发达的结果。如今我们的市场程度已经相当高了，所以词典中不再收这类词，法律中也删除了长途贩运为犯罪的条文。这就是时代的进步。

买空卖空的奥妙
——期货市场的作用

20世纪初的一天，芝加哥期货交易所突然闯进来几名警察，抓走了一个交易商。原来有人在做期货交易时赔了钱，状告交易商买空卖空骗他。警察并不知期货交易为何物，认为交易而无货必是诈骗，就来抓人了。当然，这名交易商很快就被放了。以后期货交易有了法律保护、警察抓交易商的事再没出现了。

期货交易的确是买空卖空的，但这种买空卖空在市场经济中有承担风险和发现价格的重要作用。

先讲承担风险。假设某面粉生产商在3月时计划在8月购进小麦1000吨，目标价格为每吨5000元，按这种价格进小麦，他才能得到正常利润。如果小麦涨价他有亏损，如果小麦跌价他会有超额利润。他不希望亏损，也不想获得超额利润，他只想保证正常利润。这就要在期货市场上进行交易。期货交易是按现在的价格来买卖未来的物品，所买卖的只是期货合约，一般并没有实物。交易的结果是通过一买一卖的对冲，即先买后卖或先卖后买进行对冲，对冲后结清差额，所以是买空卖空。

假定3月份时，8月小麦的期货价格也为5000元。由于价格看涨，面粉生产商买不到8月的远期小麦，远期小麦是现在订合同，8月交货的实物交易，不同于期货交易。于是他按每吨5000元的价格购买1000吨小麦8月的期货合约，如果每份小麦期货合约为50吨，他就买进 20 份小麦期货合约。到 6 月时，8 月小麦期货涨至 5500 元，远期交易的小麦也是每吨 5500 元。面粉生产商按此价格购买小麦 1000 吨，每吨比目标价格高 500 元。但他在期货市场把小麦期货合约卖出去，每吨差价为 500 元。远期市场上赔的每吨 500 元，由期货市场上赚的每吨 500 元弥补，正好实现了每吨 5000 元的目标价格。这就是期货市场实现了面粉生产商回避风险的作用。这里为了简单，略去了在期货市场上交易的手续费。

面粉生产商在期货市场上进行的这种交易活动称为套期保值。套期保值就是在两面下注保证不赚不赔。套期保值的做法就是在现货市场（远期市场也是现货市场的一种形式）和期货市场上同时采取相反的行动。当在一个市场上买时就在另一个市场上卖，或者相反。这时，套期保值就把期货市场作为转移价格风险的场所，这种期货交易就是一种回避风险的活动。先买后卖称为多头套期交易，先卖后买称为空头套期交易。期货市场买空卖空没有实物交易就提供了一种低成本的回避风险方式。

谁为套期保值活动承担风险呢？也就是说把风险转移到谁头上呢？在期货交易中是投机者承担了风险。套期保值在期货交易中所赚的正是投机者所赔的，所赔的正是投机者所赚的。投机者为了获得利润而冒险，当然不会两面下注。所以，投机者在期货市场上是极为重要的，没有他们，就不可能存在期货交易，我们的面粉生产者也无法套期保值。一个市场上投机者的活动越活跃，市场就越稳定。

期货市场的另一个重要作用是发现价格。这就是确定所交易物品的均衡市场价格。这是因为期货市场上有成千上万的套期保值者和投机者。他们根据自己所拥有的信息对未来价格走势做出判断。期货市场又是一个完全竞争市场，没有任何人在这个市场上有垄断能力。在这种完全竞争中所决定的正是市场均衡价格。现实中大宗农产品，如小麦、玉米、大豆的世界价格正是在芝加哥期货市场决定的；石油价格是在纽约期货市场决定的；有色金属的价格是在伦敦期货市场决定的；等等。

我们把期货市场的交易者分为套期保值者和投机者。在现实中这种区分并不存在。许多交易者都是既套保又投机，这要看他的判断与决策。期货市场可以转移风险，也可以险中求利。所以把期货交易作为一种风险管理方式更恰当。总之，期货交易是要实现保值增值。

世界期货市场现在已十分发达。它最初产生于农产品，以后扩大到原材料，如今主要是金融期货了，如股票期货、外汇期货，以及各种金融衍生工具的期货。20世纪80年代还出现了更为复杂、投机性更强的期权交易市场。但这种复杂的金融衍生工具和期货交易也给经济带来严重的冲击和波动。2008年的世界金融危机正起源于这种复杂金融衍生工具的期货期权交易。20世纪初芝加哥警察进期货所的行为不对，但如今看来，期货市场还是需要有法规的。完全放任的自由只会毁了期货与期权市场。

门庭冷落的高尔夫球场如何惨淡经营
——国家成本与可变成本

我们外出旅游可以看到，有些高尔夫球场门可罗雀，仍然在惨淡经营。打球的人如此少，他们不怕赔本吗？这种情况怎么能维持下去呢？要了解背后的原因，我们必须知道企业经营中的固定成本与可变成本。

在微观经济学中，长期与短期的区分并不以时间长短为标准，而是以生产要素的调整为标准。如果所有生产要素都可以根据生产经营的需要进行调整，这就是长期。如果一部分生产要素不能调整，只有一部分生产要素可以调整，这就是短期。因此，对不同的行业来说，长期与短期的时间长短完全是不同的。比如对一家大型制造业企业，也许长期是三年。对一家个体小餐馆，也许长期就是一个月。在长期中所有要素都可以调整，所以成本只分为总成本、平均成本与边际成本，决定适度规模的就是长期平均成本。而且在长期中，平均成本与边际成本是相等的。但在短期中，要区分固定成本与可变成本。短期中固定成本就是用于不能调整的生产要素的成本，可变成本就是用于可以调整的，从而可以变动的生产要素的成本。正因为在短期中，用于不能调整的生产要素的固定成本是不变的，不能增加，也不能减少，更无法收回，所以我们也把短期固定成本称为沉没成本，即像船一样沉没了，没法收回。正如过去的事已经过去了，不可改变一样。

我们来看高尔夫球场短期的成本。高尔夫球要租用或购买土地，要种草坪，要有各种高尔夫球场的设备，要定期维护草坪，并为短期中无法解雇的工作人员支付工资等，这个量是相当大的。可变成本则是为每来一个高尔夫球球员提供服务的成本，如提供球、球童的服务，以及一些饮料等等。固定成本相当大，比如每个月要支付100万元，可变成本仅为每个打球的人一场球200元。

这样高尔夫球场决定门可罗雀仍要经营时就不必考虑固定成本，因为是已经付出，短期内无法收回的成本，经营不经营都是一样的，所要考虑的只是可变成本。如果高尔夫球场打一场球的门票价是300元，人再少也可以经营。多来一个人增加100元的净收入，可以弥补固定成本的损失。但如果门票价格降至200元以下，无论如何不能经营了。如果是200元，与成本相等，称为收支平衡点，经营不经营结果一样。因此，我们把200元作为高尔夫球场的"停止营业点"。从理论上，停止营业点就是在平均可变成本（也等于边际成本）与价格相等时。高尔夫球场会计算出自己的平均可变成本，从而根据这个原则决定是否经营。

像这样的情况在现实中还有很多。比如民航公司一个航班上，乘客不多时仍在飞行；旅游景点淡季时，饭店仍然在营业；等等。不过长期中这种情况是持续不下去的。因此，高尔夫球场的惨淡经营也是在淡季时。长期中不全是淡季，有正常的高尔夫球爱好者来打球，就不会亏损了，甚至可以赚钱。如果淡季变为长期，这个高尔夫球场也该破产、倒闭了。

这个事实告诉我们，当初投资建高尔夫球场时一定要进行市场调查，预测出正常情况下每年会有多少人来打球。如果人次太少，就不能投资这个高尔夫球场。高尔夫球场也可以想一些办法来弥补可能的损失。如实行会员制，每张高尔夫球场的会员卡卖10万元。会员可以享受各种优惠和更好的服务，但会费与来的次数无关，你每天打一场和一个月打一场的会费是相同的。在现实中许多高尔夫球场的会员卡还会升值，成为一种投资的商品，当然也可以用会员卡送礼。

对一个企业来说，计算出自己的短期成本，并根据短期平均成本来确定自己的停止营业点是十分重要的，这就是科学管理的内容之一。

王永庆的成功之路
——规模经济

王永庆先生已经过世了。但他创办台塑的许多成功经验仍然被华人企业家,甚至全世界的企业家津津乐道,也写进了各种管理经济学的教科书。王永庆成功的关键一步就是实现企业的规模经济。

台塑原来是一家日资企业,日本人战败后被政府没收,并卖给私人经营。在王永庆接手前已有人经营并失败了,原因就在于生产规模太小。当时台塑生产 PVC 塑胶粉粒,根据台湾的市场需求,每月仅生产 100 吨。王永庆知道,要降低 PVC 的成本使它在市场上有竞争力,必须扩大产量。只有产量扩大,规模做大,成本才能降下来。他根据当时世界上生产 PVC 的适度规模标准,把 PVC 的产量扩大到每月 1200 吨。成本低了就可以进入世界市场。台塑 PVC 的成本达到世界水平,但按价格计算成本低于世界水平,这是因为当时台湾生产 PVC 的原料便宜,劳动力工资低,加之政府又有许多支持民营企业的政策。这样,台塑就可以靠低价格把 PVC 打进世界市场。这种扩大生产规模,降低成本,实现平均成本最低的适度规模正是经济学中所讲的规模经济问题。

规模经济说明各种生产要素增加,产量扩大对成本和收益的影响。当生产规模扩大的比率小于产量或收益增加的比率时,我们称为规模收益递增。当生产规模扩大的比率大于产量或收益增加的比率时,我们称为规模收益递减。当这两种比率相等时称为规模收益不变。收益的另一面是成本。收益最大时,平均成本最低。当规模收益递增最大时,也就是平均成本最低时,就实现了企业的适度规模,或者说实现了规模经济。

企业规模扩大能引起降低成本的内在经济与外在经济。企业规模扩大由于自身内部引起的收益增加,效率提高或成本下降称为内在经济。这主要来自三方面。一是可以利用更先进的专业化设备,实现更精细的分工,提高管理效率,从而使平均成本下降。特别应该强调的是,许多大型专用设备只有在达到一定规模时才能使用。这些设备的使用大大降低了平均成本。二是规模大的企业有实力进行技术创新,也能承担得起技术创新中的风险。技术创新正是降低成本关键的手段。三是在市场销售中广告等销售成本大幅度下降。

企业规模扩大由企业外部带来的收益增加、效率提高或成本下降称为外在经济。外在经济最重要的是在市场中所占份额扩大,具有一定的垄断地位,竞争实力更强,甚至可以成为价格决定者。同时就台湾当时的情况而言,更会受到政府关注,获得更多优惠。这样效率提高了,成本也下降了。

但应该记住,企业规模并非越大越好。企业规模扩大能引起内在经济与外在经济,也能引起内在不经济与外在不经济。内在不经济就是企业规模扩大由自身内部引起的收益递减,效率下降或成本增加。这主要是由于当规模扩大时,企业内部管理更复杂、协调更困难,甚至产生企业官僚主义,使管理效率下降,管理成本增加。外在不经济就是企业规模扩大由企业外部引起的收益递减,效率下降或成本增加。这主要是因为产量扩大超过了市场要求,或市场竞争加剧,降低了价格。当出现规模扩大引起的产量增加的比率小于规模扩大的比率,即规模收益递减时,这种内在不经济和外在不经济就出现了。《红楼梦》中王熙凤说的"大有大的难处"就是如此吧!

所以规模经济所实现的适度规模并不是越大越好。规模经济是多大,这完全取决于不同行业的技术特点。制造业行业许多企业要做大,但有些行业要做得小一些。"船小好掉头",小企业更能适应市场变化。当然由于技术进步，许多原来的小的企业现在也做大了。如商业、餐饮业店铺过去都不大，但如今靠电脑管理可以做到沃尔玛、麦当劳那么大。

  规模经济要实现的是适度规模，记住"适度"并没有统一标准，王永庆的经验还是有启发性的。

企业中的机会主义
——委托－代理关系

过去我们说机会主义时是指德国伯恩斯坦、考茨基等修正主义者对马克思主义的歪曲。今天我们说的机会主义是指在企业中代理人利用一切可以抓住的机会侵犯委托人的利益来实现自己的利益。机会主义就是抓机会的主义而已。

机会主义行为产生于企业内的委托－代理关系。现代企业内人与人的关系实质是一系列以不完全合约为形式的委托－代理关系的总和。委托人是把自己的权力委托给别人去行使的人，代理人是接受这种权力，代表委托人行使权力的人。在企业内，企业所有者（由董事会代表的股东）是委托人。他们把自己企业经营管理的权力（所有者的使用权）交给其他人，他们就是委托人。总经理（管理团队的代表）接受董事会的委托行使经营管理企业的权力，他们就是代理人。所以董事会与总经理的关系就是委托－代理关系。总经理会把他的管理权再交给下面的部门经理，如财务管理权交给财务总监，生产管理权交给生产部主任，市场销售权交给营销总监等。所以，总经理与下面的部门经理之间也是委托－代理关系。部门经理还可以把权力再委托出去，与下面的人又形成了委托－代理关系，如此等等。所以，现代企业内人与人的关系就是层层的委托－代理关系，企业越大，这种委托－代理关系越复杂。

企业中这种委托－代理关系是用合约的形式固定下来的，合约规定了委托人和代理人双方的权责利。如果合约是完全的，非常详尽、全面，大家按合约行事，就没什么问题，委托－代理关系可以实现企业效率。完全合约以完全信息为基础，即以委托人与代理人双方完全互相了解为基础，但现实中双方却是信息不对称的。双方对对方都不是完全了解。我们也可以说，双方对对方的公开信息都可以了解，如他的学历、工作经验等，但对对方的私人信息并不了解，如他的个人爱好、家庭关系、朋友圈等等。这样委托－代理关系的合约，必然是不完全的合约。

在这种不完全合约的情况下，代理人就有可能并不违背合约而侵犯委托人的利益实现自己的个人利益。比如，从公共信息看总经理是一个精明强干的人。但他在某地有一个恋人的私人信息，委托人无法知道。因此在合约中也无法特别规定，可按工作需要出差，不必经董事会批准，但到他有恋人的那个城市出差一定要经董事会批准。这样，他每月以工作需要为借口，到那个城市与恋人度过愉快的几天。来回差旅费等都由公司报销，但并没为公司做任何事，甚至由于外出还误了事。他并没有违约，却侵犯了公司的利益而实现了自己的私利。这就是机会主义行为。这类事多得很，如以工作为名出去旅游，以工作为名用公司的钱招待亲朋好友，等等。我们把这种行为称为"工作中消费"。不仅总经理作为代理人如此，其他代理人都可以以不同形式损公肥私，甚至工人偷懒，也是一种机会主义行为。

企业中机会主义行为如此严重，企业效率如何能提高？

消除机会主义的方法之一是建立一种有效的监督机制，即委托人对代理人进行有效监督，但这种监督很难有效。比如，你注意到总经理常到一个城市，就派私人侦探去跟踪他，或者给他装上窃听器，这总不可能吧。监督还有两个突出的问题：一是设立一个机构和专人进行监督，代价太高；二是如果代理人发现处处有人监督，他还能积极工作吗？

我们也不可能要求代理人"斗私批修"一心为企业出力，这种道德层次的教育与会情人的快乐相比是软弱无力的。人利己的本性是天生的，是动物的本能。道德教育可以让代理人在一定程度上有自觉为企业工作的作用，但作用是相当有限的。

这就要设计一套激励机制。我们并不想改变代理人利己的本性，而是用激励机制把他的利己与为企业的利他统一起来。这就是说，代理人为企业努力工作实现了业绩，就实现了个人的利益。你的工作业绩增加了，收入增加了，何必偷偷摸摸去那个城市会恋人，买套房把她接过来，还可以天天见呢！

激励机制是解决委托－代理关系下代理人机会主义行为的有效方法。所以，设计一套有效的激励机制就是企业制度建设最主要的内容。在以下的文章中我们会介绍给不同代理人设计的不同激励机制。

来自托尔斯泰的经济学理论
——X 效率理论

托尔斯泰是俄罗斯伟大的作家,至今还有许多人为第一届诺贝尔文学奖没有授予他,而授予一个今天已默默无名的作家打抱不平。他的《战争与和平》《复活》《安娜·卡列尼娜》等作品已成为人类文学史上的丰碑。他不仅是一个伟大的现实主义作家,他的作品处处显示出人性与人道主义的光芒,而且他的哲理思想也给我们很多启发。当拿破仑大军侵犯俄国时,有人根据"规模庞大的军队必胜"的理论,预言俄国必败。托尔斯泰指出,一个军队的战斗力取决于人数和某个未知因素。这个未知因素就是士气。也许是受托尔斯泰的影响,出生于俄国的美国经济学家莱宾斯坦提出了与托尔斯泰类似的 X 效率理论。所以我称 X 效率理论来自托尔斯泰。

莱宾斯坦认为,可以计量的生产要素投入并不能完全决定产量。决定产量的除了生产要素的数量外,还有一个托尔斯泰所说的未知因素,即 X 因素。就一个社会而言,X 因素是这个社会的文化习俗、观念及文明程度。就军队而言,X 因素是士气。就一个企业内部而言,X 因素是其内部成员的努力程度。由资源配置最优化引起的效率称为"资源配置效率",由这种 X 因素引起的效率称为"X 效率"。这两种效率对社会经济增长、军队的战斗力和企业的利润最大化,都是同样重要的。

莱宾斯坦以企业为例来分析 X 效率。他认为,X 效率在企业中之所以存在是因为企业是个人的集合体。企业的整体效率取决于其内部每个人的行为。企业中的大多数人在大多数情况下并不能实现最大化行为，即不能做出自己最大的努力。个人在行为中总存在安于现状的惰性倾向。由于信息不对称性，企业成员与企业之间的合约也不是完全合约，不可能具体地规定每个成员的努力程度。企业成员只要有机会就要按自己利益最大化而不是企业利益最大化的标准行事，这被称为机会主义行为。企业的内部环境和外部环境对个人的努力都有相当大的影响。内部环境指刺激不足或人际关系紧张。外部环境指企业以外影响个人努力的因素。

如果这些因素影响了企业内每个人的努力程度，企业就会出现X低效率的情况。莱宾斯坦认为，这种X低效率在企业中相当普遍，据他的估算，欧美国家X低效率带来的损失不会低于GDP的5%，而由于垄断与关税等不完全竞争因素引起的资源配置低效率不足1%。可见X低效率是一个相当严重的问题。

X效率理论得出了四个结论。第一，最大化是特例，非最大化才是一般情况。第二，如果不考虑企业影响X效率的环境和个人行为动机，生产函数本身是没有意义的。第三，投入成本增加的百分比与产品成本增加的百分比之间并无必然的联系。当提高了X效率时，投入成本不变，产品成本反而减少。第四，产品价格上升减少了外部竞争的压力时，这会由于X效率的降低而引起生产成本增加。从这些结论中可以看出，X效率理论实现是对传统微观经济理论中生产理论的挑战，因为传统微观经济理论是以最大化为出发点，分析的中心是投入的生产要素与产量之间关系的生产函数理论。

莱宾斯坦是一位发展经济学家，他用X效率理论研究企业家才能在经济发展中的作用，以及发展中国家如何解决X低效率的问题。

但莱宾斯坦的X效率理论对微观经济学理论及以微观经济学为基础的管理经济学是有相当大影响的。现代经济学家从信息不对称下的委托－代理关系和不完全合约的角度研究了X低效率的问题，指出解决方法是设计一套有效的激励机制，以后就有了各种激励机制的设计。我们会在其他文章中涉及这些问题。

托尔斯泰是文学家,大概他做梦也不会想到自己对经济学的影响。经济学的许多思想正来自包括文学家、哲学家等在内的各种学者的观察和思考。他们思想的火花会引起经济学的熊熊大火。

郭士纳的"核动力"
——股票期权

1993年当郭士纳进入IBM时,该公司亏损达160亿美元,用当时媒体的话说,它的一只脚已经迈进了坟墓。在郭士纳任CEO的九年期间,IBM持续盈利,股票价格上升了10倍,成为当时全球最赚钱的公司。郭士纳作为这只大象的领舞者功不可没。他的动力来自哪里呢?仅在1993—1996年,郭士纳就从股票期权中获得高达8000万美元的收入。郭士纳还把股票期权由原来的少数人扩大到数千人的管理和技术骨干层,激励了这些人为IBM的振兴而奋斗。股票期权是郭士纳激励的"核动力"。

股票期权在IBM的起死回生中起到了关键作用。什么是股票期权?它为什么会有这么神奇的作用呢?

股票期权是公司董事会给予某些高层管理人员在一定时期内按某种协议价格购买一定量本公司股票的权利。

对这个定义,我们要注意几点。第一,这是委托人(董事会)给予代理人(高层管理人员)的一种支付报酬的方法。这种支付不是现金,不是股票本身,而是购买股票的权利。第二,这种权利是有时间限制的。在合约规定的时期内的任何一个时间,代理人可以兑现这种权利,但过期自动作废。第三,代理人在兑现买股票的权利时,无论股票的市场价格多高,都可以按事先确定的股票价格购买。这种价格称为协议价格,又称行权价格,是双方在签订股票期权合约时确定的，一旦确定就不能改变。第四，代理人能购买的股票数是也是双方在签订股票期权合约时确定的。第五，这种权利是英文的 option，即选择权，获得股票期权的代理人可以选择买或不买。

获得股票期权的代理人能否从中获益、获得多大的利益就取决于协议价格和行权时市场价格的差价。差价越大获益越大。

这种激励机制的激励作用之所以大就在于，在市场经济的股市上，一个公司股价的高低主要取决于长期盈利的能力。公司长期盈利能力越强，股东预期的收益就越大，增值潜力越大。股民就会争相购买，股价自然就上去了。因此，公司股票价格的变动是其业绩的主要衡量指标。在任何一个公司中，公司的业绩主要取决于以 CEO 为首的管理团队，取决于他们的智慧与努力。他们努力了，公司业绩上去了，股价上涨了，他们的利益也实现了。这就是说，股票期权把公司业绩与高管们的个人利益直接联系在一起，从而激励他们努力工作。这就是他们工作的"核动力"。

任何一种好的激励机制都是收益与风险并存的。股票期权也体现了这一点。在实行股票期权的公司里，高管们的薪水远低于不实行股票期权的水平。如果有效行权期间，股价低于协议价格，得到股票期权的代理人当然可以选择不行使这种权利，但却失去了本来应有的高薪水。

正是有股票期权这种"核动力"，郭士纳才带领他的团队为 IBM 起死回生立下汗马之功。这种激励方法受到美国许多大公司的欢迎。20 世纪 80 年代，美国有 70% 以上的上市公司和 90% 以上在纳斯达克上市的高科技企业采用了这种激励方法。但进入 21 世纪后，采用这种激励方法的公司减少了，其原因是实行股票期权的安然公司、世通公司等企业通过财务造假虚报公司业绩，使股价上升，它们得到股票期权的巨额收入之后逃之夭夭，而公司则遭受沉重打击，甚至破产。这些丑闻说明股价上升可能是公司业绩优异，也可能是财务造假，而财务造假又是防不胜防的世界性难题。

看来股票期权能否成为"核动力"还取决于三个条件：股市是完善的，能通过股价反映公司业绩；公司业绩主要与高管的努力相关，而不是其他因素；能有效防止财务造假。所以，股票期权也不是普遍适用的。用不好"核动力"，就会变成炸毁公司的"核炸弹"。

晋商的共享观念
——身股制

反映晋商的电视剧《乔家大院》在中国家喻户晓。大家还会记得一场戏：乔致庸亲自到潼关用八抬大轿迎接从外地回来的潘为严，并诚聘他为大德恒票号的大掌柜。这是一个真实故事的艺术加工。故事的主角是阎维藩。他从蔚长厚票号福州分号掌柜的位子上辞职，乔致庸知道他是经营票号的高手，就派其子乔景仪带两班人马在南方通往祁县的必经之地子洪口接他。回来后乔致庸设宴招待，诚聘他为大德恒票号的大掌柜，每年辛金（薪水）为120两银子（当时其他大掌柜为100两），身股12厘（其他大掌柜为10厘）。阎维藩深受感动。在他主持大德恒的二十六年中，大德恒每个账期（四年）每股（8000两银子）可分红1万两银子，成为晋商中经营最好的票号之一。

这里我们要注意的是"辛金"和"身股"，它涉及晋商的激励机制。它对员工实行的实际是一种分享制。分享制就是企业赚了钱，员工都分享；当然企业赔了，员工也要承担。这就把员工的利益与企业效益直接挂钩。当然，晋商还是赚钱的时候多得多。因此这种制度的核心就是东家与员工分享利益，这是晋商中乔致庸这样的东家所坚持并实施的观念。

这种激励的实施是把员工的收入分为两部分：一部分包括辛金与店铺提供员工的吃、住及其他日常生活支出。辛金每人不等，从最低的一年10两银子到大掌柜100两银子，中层员工为每年70两银子，可以保证员工和家庭过上小康甚至中产的生活。这部分与企业业绩无关，无论赚还是赔，企业都要承担。

另一部分更重要的就是员工都有身股，又称人力股，员工可按身股分红，身股从1厘到10厘，根据工龄、职务和业绩，由大东家决定。一般中层员工有5厘。每个账期可分5000两银子左右。这一部分由企业的效益决定。

此外，员工还有"故股"，即员工去世后，家人可在1—2个账期内按这种"故股"参与分红，以保证员工家人生活稳定。

晋商对员工要求极其严格。许多人在外地分号工作，三年才能回一次家，一次三个月，且店铺对员工的规定有"十不准"，比如不许吸毒、不许嫖娼、不许纳妾等。员工愿意接受这种严格的约束并勤奋工作，正在于有这种激励机制。

晋商这种共享观念及身股制成为它成功的基本原因。日本学者早在20世纪20年代就注意到晋商，并对它进行了认真的研究，至今研究晋商最好的不是中国人而是日本人。他们在研究中发现晋商成功的秘密正在于以身股制为中心的激励机制以及背后的共享观念，因此把这种制度引入日本。日本企业是采用了分享制的激励机制。把员工的收入分为两部分：基本收入与企业业绩无关，而分红与企业业绩相关，且分红在员工收入中是大头。这种制度提高了日本企业的效率。美国人去日本企业调查发现，让员工勤奋敬业的动力正来自这种分享制。

现在欧洲一些国家的企业采用员工持股的激励机制也正来自晋商这种制度，也许他们是通过日本人了解到这种制度。欧洲的员工持股就不是身股了，而是和其他股份一样的股份。不仅可以分红，还可以上市交易。这种员工持股，可以用赠给员工的方式，也可以由员工以低于股价的价格购买，以后一种形式为主。在德国，员工有了股票，董事会中还有一名工人董事，在企业决策时代表工人利益。这些做法缓解了资本家与工人的矛盾，也使员工努力工作。我想，战后德国经济的迅速发展也与此相关。

作为晋商首创的共享观念和身股制漂洋过海，影响了其他国家企业制度的建立。即使从今天的角度看，晋商的这种观念与做法也是有重要意义的。这就是中国文化中的义利观吧！晋商把这种义利观转化成"以义制利"的经商伦理。共享观念正由此而来。中国传统文化对建立现代企业制度也是有意义的。

周扒皮与王善人

——效率工资

过去以阶级斗争为纲，文学中地主的形象也是脸谱化的：一类是高玉宝《半夜鸡叫》中的周扒皮；另一类是许多小说中的王善人，他们面善而心毒，用小恩小惠收买长工，让长工干活更多。总之地主没一个好东西，无非是剥削手法不同而已。今天，阶级斗争时代过去了。我们把周扒皮和王善人作为两种不同类型的雇主，来看看他们对工人的不同态度有什么结果。

假设周扒皮与王善人各有 100 亩小麦，每亩产量 200 斤，共计 2 万斤，每斤小麦 0.2 元，共计 4000 元。在收割小麦时，每人雇用 5 名短工。再假设当时短工市场的均衡工资为 1 元，同时负责提供吃住。周扒皮支付每天 1 元的市场工资，吃住极差，每天仅 0.2 元。王善人支付高于市场均衡工资的工资，比如每天 1.2 元，同时吃住较好每天 0.3 元。这样周扒皮雇用工人的实际工资为 1.2 元，王善人则为 1.5 元。这种不同工资水平的结果是什么呢？

第一，大家都知道，周扒皮历来名声不好，给的工资低，吃住又不好；王善人早有善人之名，工资高待遇好。应聘的工人中，素质是不同的，有高素质的，也有低素质的。工人都先到王善人家应聘，王善人选素质好的工人，剩下素质差的才不得不去周扒皮家干活。这就是工资待遇好能招到好工人。

第二，工人的效率不同。在王善人家工作的人，吃得好，休息得好，心情也愉快，所以工作效率高，他们还想给王善人留下好印象明年再来。给周扒皮家打工的吃不饱、睡不好，半夜还被叫起来，白天哪有精神与劲头干活？干一天混一天就是了，能对付就对付。周扒皮不监工时还会偷懒睡一小会儿。

第三，工人的流动性不同。在夏收大忙季节工人跑了就难找了。在王善人家干活的，当然不愿走，但在周扒皮家干活的，总想再找份好点儿的活，一有机会就走了。

第四，这是短期工作，如果是长期雇用还有长期健康问题，工资高工人健康状况好。在奴隶社会中许多奴隶主也要让奴隶吃好身体健康。当然并不是爱奴隶，而是把奴隶视为自己的工具，有主人不爱护工具的吗？

综合这几个因素我们来看看结果。王善人家的短工工作勤奋认真，在阳光充足的12天中完成了任务，且没有损失，共支付实际劳动成本90元（1.5元×5×12）。周扒皮说来每天工资低，但工人干活不出力不认真15天才收完，且有一天赶上下雨，损失也多，假设产量损失2%。周扒皮支付的实际工资也是90元（1.2元×5×15），但要加上工作不认真引起的产量损失，即4000元×2%=80元，两者相加为170元。谁的劳动成本低不是一目了然吗？

用现代经济学的话来说，王善人支付的是效率工资。效率工资是企业为提高工人的生产率而支付的高于市场均衡工资的工资。说起来工资高了，但高工资换来高效率，单位产品劳动成本还是低了。工人需要激励，只要把工人的物质利益与工资联系在一起，工人的积极性才能发挥出来，工作才会有效率。当然，激励不仅要有物质激励，还要有精神激励。这一点我们会在其他文章中论述。但这两者之中对绝大多数人而言，还是物质激励是基础。这里用得上一句俗话：钱不是万能的，但没有钱是万万不能的。

我们举的周扒皮和王善人的故事只是一个例子，但效率工资普遍存在且成功。1914年福特对工人实行每天5美元的工资，这是当时市场均衡工资的两倍多。当时有人称赞福特是慈善家，也有人断言福特要破产。但这种工资带来了福特公司的高效率,源源不断地生产出当时流行的T型汽车,福特公司成为汽车行业的龙头老大。所以福特称5美元工资是"我们做出的最成功的降低劳动成本的努力之一",在晚年的回忆录中还为此而骄傲。

有一种酒叫"舍得",只有"舍"才有"得"。愿意支付效率工资,才有高效率、高利润。这也算人生哲理吧!

钱不是万能的
——企业文化

美国纽柯钢铁公司原来是一家成立于 1906 年的公司，1965 年进入钢铁行业，严重亏损。这时艾弗森出任总裁，1972 年改为纽柯。到 20 世纪 90 年代，纽柯已有近 7000 人，在美国钢铁行业中员工薪酬最高，每吨钢的劳动成本又是最低的。如今已成为美国第一大的钢铁公司，名列《财富》500 家大公司之中。

这家企业的成功是靠高工资吗？艾弗森在总结成功的经验时认为，保证员工收入高固然是重要的，但真正构成纽柯精髓的是那群为了追求一个共同目标而锲而不舍的人。造成这样优秀员工的绝不是钱，而是企业文化。企业文化是一个企业全体员工的共同价值观。纽柯的这种价值观就是"依赖员工，善待员工"。体现为这样几个原则：第一，应当使员工有机会按劳取酬；第二，只要好好干，明天仍然有工作；第三，员工受到尊重；第四，员工认为自己受到不公正待遇时，有机会上诉。这几点的核心就是在公司内实现平等。纽柯的确做到了这一点，在 1982 年钢铁业萧条时，产量几乎下降一半。工人减薪 25%，经理减薪 40%，高管减薪 50%—60%，首席执行官薪水从 45 万美元减少为 11 万美元。但没有关闭一家工厂，没有解雇一个工人。平等的文化体现在每一件事情上，总经理和高管没有专用食堂，没有专用停车位。公司领导虚心听取每一位员工的意见，接受员工的建议并取得技术成就。依靠这种企业文化，纽柯把员工的心凝结在一起，人人愿意为企业做出奉献。这样的企业文化所发挥的效力是无可估量的。

纽柯成功的经验告诉我们，在激励机制中物质激励是激励的基础。但绝不是激励的全部，甚至也不是最关键的。人是有思想的动物，有时精神的东西对他更重要。人在一个等级森严的社会或企业中，尽管收入不低，但也难以有幸福感，积极性也发挥不出来。在一个平等、和谐、充满友情的社会或企业里，即使钱少点，但也感到幸福，积极性会像火山一样喷发出来。因此企业创造一种让员工感到平等、和谐的文化对成功至关重要。

美国在社会上讲平等。但许多企业存在着金字塔式的等级制和不平等。老总、高管有自己的专用食堂、专用停车位，出行有私人专机，即使在企业严重亏损、员工大幅度减薪甚至失业时，高管们仍领取高薪或津贴。纽柯的老总看出了这种不平等文化的恶果，因此努力建立一种平等的企业文化。他成功了。

各个企业有不同的传统和现实情况，企业文化当然不会相同。纽柯的模式并不是每个企业都可以克隆的，也没有必要克隆。比如，沃尔玛的企业文化是"善待顾客"，因为对商业企业来说，增加顾客的"回头率"是至关重要的。美国西南航空公司的企业文化则是"善待员工"，因为它们以廉价机票为特色。机票便宜，效率一定要上去，而效率高低的关键在于员工。中国晋商的文化是"诚信"，因为它们的企业票号是金融业，而金融业的基础是诚信。

在高科技时代，企业文化有什么变化呢？谷歌认为，它们这样的高科技公司成功的关键在于不断地、迅速地创新，而创新依靠的是"创意精英"。他们有过硬的技术和实践经验，有敏锐的头脑能抓住时机，所以能引领公司创新。但对这些人不能仅用钱来激励，钱对他们来说并不是人生第一目标，他们有更大的追求。因此，给他们创造一个开放、宽容，有利于他们充分发挥自己的才华的环境就是首要的。企业文化要围绕这一核心开展。因此，公司治理结构不能是层级制，不能由上面命令他们做什么，如何做，而要与他们交流、协商，共同为创新而努力。这又是一种企业文化。

经济学是讲经济利益的，但如果理解得广一点，这种利益不仅包括钱，还包括精神。那么创造一个良好的环境，让员工人人心情舒畅，他们就能发挥自己的才华。能做到这一点的企业文化正是企业成功的关键。

不同的企业为什么竞争策略不同?
——市场结构理论

大家会注意到,在电视上大做广告的主要是化妆品、酒类、养生品、汽车这些产品的生产商。钢铁、电力、自来水根本没有广告。为什么有些企业热衷于广告,有的企业对广告漠不关心?这是因为它们的竞争策略不同。竞争策略包括竞争要实现的目的与达到这种目的的手段。广告是达到目的的手段之一。所以对广告态度的不同就在于企业竞争策略不同。这种竞争策略的不同又在于企业所在市场结构不同。

市场结构就是一个市场上垄断与竞争程度的不同。有的市场上垄断程度高,有的市场上竞争程度高,这就形成不同的市场结构。处于不同市场结构上的企业竞争策略不同,对广告的态度也不同。那么如何判断市场结构,也就是说如何判断一个市场上垄断程度高还是竞争程度高呢?

判断市场结构有三个重要的标准。第一是市场集中程度的高低。市场集中程度就是企业对市场的控制程度。市场集中程度越高,垄断程度越高;市场集中程度越低,竞争程度就越高。判断市场集中程度有两个数量标准。一是四家集中率,即一个市场上最大的四家企业对市场的控制程度,或者说在市场上占有的份额。比如一个市场上总销售额为 1000 亿元,其中四家企业占了市场总销售额的 600 亿元。这个市场上的市场集中度就是 60%,或者 0.6。另一个标准是赫芬达尔－赫希曼指数（HHI），它是两位德国经济学家赫芬达尔和赫希曼共同提出的。这个指标是一个市场上前50家企业所占的市场份额。计算方法是把每家企业的市场份额平方然后求和。比如第一家企业占8%，则是8的平方，第二家企业占6%，则是6的平方，直至50家，然后加总求和。这两个标准都是客观的、可计量的。美国商务部每年都发布这两个数字，然后根据这个指标来判断市场集中程度是否高，是否垄断。一般把四家集中率在0.6以上或赫芬达尔－赫希曼指数在1800以上定为垄断程度高，政府要管制。在这个指数以下定为竞争程度高，政府不管制。

  第二是进入的难易程度。一个市场进入的难易程度由本市场企业的技术特点和政府的法律决定。进入越难，垄断程度越高；进入越容易，竞争程度越高。例如，钢铁、汽车等制造业企业，由于技术特点要求规模大、投资多，进入困难。电力等部门有政府立法的进入限制，垄断程度都高。农业、轻工业的企业，技术上不一定要求规模大、投资多，政府立法也没限制，这些市场上竞争程度就高。

  第三是产品差别的大小。产品差别是同一种产品在质量、品牌、外形、相关服务等方面的差别。有自己特色的产品可以垄断一部分消费者，垄断程度就高。没有什么差别的无差异化产品，竞争程度就高。

  根据这三个标准我们把市场结构分为四种类型。一个极端是完全竞争，即不存在一点儿垄断。另一个极端是垄断，即一家企业独占一个市场，没有竞争。这两种极端在现实中基本不存在。大量市场处于这两者之间，既有垄断，又有竞争。也称为不完全竞争市场。这种中间市场结构又可分为垄断竞争市场和寡头市场两种。前者竞争程度更高，后者垄断程度更高。

  这四种市场结构的划分是在理论上，而现实中的市场结构要复杂得多。我们注意三点。第一，市场结构不以地理范围为标准，要根据产品的市场销售范围来划分。比如，波音和空客在各自国内都是只此一家，但民航飞机是在全世界销售的，因此它们只是一个寡头市场。再如，一家牛奶厂从全国来看，微不足道，但它垄断了当地鲜牛奶的供应，就是垄断市场。

第二，现实中还有一些中间类型或过渡类型的市场。比如软件市场上微软占了80%的市场，垄断程度相当高。但这个市场上还有其他企业进行竞争。将来微软是一统江湖，成为垄断企业，还是在竞争中衰落下来，改由其他企业壮大，还很难预测。现状只是过渡性的。

第三，有些市场的结构是可以改变的。比如农业是完全竞争市场，关键一点在于农产品无差别，但如果创造自己的品牌，或者联合起来，就可以进入垄断竞争了。每个企业所处的市场结构并不是一成不变的。

企业的目标当然是利润最大化，但利润最大化的具体目标是利润量最大化还是利润率最大化，在自己的市场上应该采用什么竞争方法，这就由市场结构决定了。

市场结构在经济学中是一个重要的概念。我们作为消费者也要认识不同企业的不同行为。因此，我们在其他文章中还会更详细地分析这一问题。而且这个理论也是我们分析企业定价等问题的基础。不要认为它有点儿抽象就不管了。

汾酒不涨价的失误
——市场结构与定价艺术

20世纪80年代初,政府放开了名酒名烟的价格。在八大名酒中,茅台等名酒的价格迅速上去了,而汾酒坚持不涨价,结果其他名酒的销量增加了,汾酒却减少了。为什么不涨价反而卖不出去,涨价反而热销?

当时大家收入还不多,这类名酒大众的消费并不多,喝酒的人还以低价酒为主。这些名酒主要是公款消费或者请客用。公款或私人请客用这种名酒也不在于它的品质多高,主要还在于"有面子",即炫耀的一种方式。为了"有面子",还是越高价越能显示出自己的实力和对客人的友好。而汾酒仍为原来的20多元,让客人喝就"没面子"了。因此,请客者不用汾酒了,而一般民众又还消费不起这种酒(别忘了当年工资高的也就每月60元左右,比这低者为数尚多)。结果姥姥不亲、舅舅不爱,销量就下降了。而且这次不涨价对汾酒的打击是致命的。原来汾酒在白酒中销量第一位,从这以后直至21世纪以来,销售量降到第八位。尽管厂家做了许多努力,也不大见效。以后山西假酒事件又一次重创汾酒。作为一个山西人,汾酒的爱好者,我常为此感到惋惜。

汾酒不涨价反而销量减少说明定价是一门艺术,对企业的成败甚为关键。

在完全竞争的市场上,价格完全由市场供求关系自发地决定,企业无定价权，对价格也没有什么影响，是价格接受者。在其他三个市场上，企业都有不同程度的定价权，成为价格决定者。在垄断竞争市场上，企业靠自己的产品特色对一部分消费者形成垄断，从而有定价权，但它也要在与相近替代品的竞争中定价。这些有产品特色的企业以利润率为目标而把价格定高。在寡头市场上，每个寡头凭自己生产的产量多定价或对价格决定有相当大的影响。如果产品无差别，只能实行低价多销，靠庞大的产量实现利润量最大。有产品差别的寡头也可以靠自己的产品差别享有相当的定价权，它可以在高价少销与低价多销之间做出选择。垄断市场只有一家企业，当然有完全的定价权，它可以在高价少销与低价多销之间做出选择。当然，许多垄断企业要由政府定价或受政府的限制。

那么企业怎样定价呢？企业定价的下限在短期中取决于短期平均可变成本，在长期无可变成本与固定成本之分，取决于平均成本。价格的上限是消费者的心理承受能力。这种心理承受能力是他在长期的购买经验中形成的。举个例子，我常买书，对一本书该多少钱估算得大体差不多，这就是我的心理承受能力。有一次在书店看见一本书觉得还可以看，想买下来。根据书的各方面情况，我估计这本书应为30元，用个小数价格也就是29.8元。但一看定价居然要60元，我马上扔下不买了。因为这个价格突破了我的心理承受能力。心理承受能力与购买能力不同。我买这本书多花30元还不至于挨饿，就是在心理上无法接受，觉得买它就被宰了。被宰的感觉当然不好。这个书店的老板是我的朋友，我让他注意一下，这本书什么人会买。三个月后我又去了，老板告诉我没有一个人买，都说太宰人了，我们卖不出去全退货了。看来它的定价不是突破了我的心理承受能力，是突破了所有读书人的心理承受能力。这样高的定价，书卖不出去有什么用？这就是突破了价格上限。当然随着人们收入增加，物价上升，这种心理承受能力也在一直增加。但在一个既定时间点，这种心理承受能力肯定是存在的。不过心理的因素不好量化，只是企业定价者的直觉而已。

在价格上限与下限之间是有定价权企业定价的空间。把价格定在哪一点上就是一种艺术。所以定价时要考虑多种因素：如自己产品与竞争产品的互相替代程度、消费者嗜好的变化、流行的消费时尚、消费者购买时的心态等等。对这些因素很难有什么理性分析，完全靠经验积累而得到的直觉。正如艺术品的创作固然就有许多因素，但重要的还是艺术家的灵感和感觉。这些东西也无法进行理性分析。

企业在不同的地方、不同的时间，面对不同的消费者时应该如何调价，是涨价还是降价，都是一门艺术。是从众定价，别人涨我也涨呢，还是有自己的不同做法？这些做法的确定都没有什么理论指导，所凭的只是直觉而已。

记得有一年我在中山大学听过一位麦肯锡副总裁的讲座。他专门讲企业家们定价问题，介绍了麦肯锡公司如何帮助企业定价与调价。最后他说，中国企业的问题之一正在于不会定价，如不会运用歧视定价，不知道什么时候打价格战是双输的，也不知道如何预防式定价，等等。他告诫中国企业，不仅要懂生产、懂营销，还要在定价上下功夫。定价不对，其他努力都没用。我想如果汾酒的老总能听到这样的报告，一定会认识到他们不涨价的失误，汾酒也不至于跌那么大的跟斗。

新奇士的启示
——完全竞争转向垄断竞争

21世纪初，中美之间农产品贸易协定达成不久，美国的新奇士橙就从大连进入中国。其广告也在北京、上海、大连等地的电视台播出。我国的蜜橘也质量上乘，甘甜可口，为什么不能有品牌，不能大量进入国外并大做广告呢？

无论在中国还是外国，家庭生产都是农业经营的一种主要形式，即使是农场生产，与巨大的市场相比，它们的产量仍然是微不足道的。农业中生产者极多，每一个生产者提供的产量对市场没有任何影响。而且农业是一个自由进出的行业，从技术上和政府法律上看没有任何进出限制。任何人想从事农业，租一块地可以开始了，不愿从事农业了，把地卖出去或租出去就可以从事其他行业。而且同一种农产品是几乎没有差别的产品，即使有些微小差别，消费者也不会注意到，并为此付出更高的价格。所以，农产品市场称为完全竞争市场，或者说在现实中是最接近市场结构理论中的完全竞争市场的。

在这种市场上，价格完全由市场供求关系自发决定，即使在大宗农产品的期货市场上，价格也是供求关系自发决定的，无非增加了一点对未来供求的预期因素。任何生产者或需求者，无论你的供给或需求量有多大，相对于整个市场，都是微不足道的。因此每个生产者和需求者都无法以自己的供给量或需求量影响市场价格。对生产者农民来说，只能被动地接受市场决定的价格。他们是"价格接受者"。

在农产品市场上，对每个农民而言，农产品价格是既定的，每个农民都要努力增加自己的产量以获利。但每一个农民都这样做的结果就是供给增加，价格下降。而且这个市场一旦有利可图，其他人就会进入。这样完全竞争的结果就是边际成本等于边际收益，农民赚到的就是包括在成本中自己不计酬劳的机会成本而已。当然，从长期来看，也不会有亏损。因为一旦边际成本大于边际收益，农民就会减产量，一些农民也会退出农业，从而使供给减少，价格上升，又达到边际成本与边际收益的相等。这就是农产品这样完全竞争市场上长期均衡的状况。

农户本身无法改变这种市场结构和均衡状态，所以农民收入低下就成为正常状态。美国的新奇士给我们提供了一条农业走出完全竞争，农民收入增加的思路。

新奇士协会是美国加利福尼亚州和亚利桑那州6500家柑橘类水果生产者组成的种植农业合作社，成立于1893年。但这种合作社不同于我国过去的农业合作社，也不同于以色列名为"基布兹"的农庄。参加者仍然是有自己对土地的产权，且独立经营的生产者，但该会完全实现了产供销一体化。农药化肥等原材料的购买、新技术的推广、柑橘的深加工、广告宣传、推销与出口都由新奇士协会统一行动。这就在保持农民土地私有和生产经营独立性的同时实现了有利于每个参与者的联合。

这种联合改变了完全竞争的市场结构。首先，农民通过这个协会在市场上有了垄断力，即可以与需求者讨价还价，或调整生产，影响供给与价格。一个农户是无力的，但他们联合起来就有力了。其次，可以通过协会的力量创造品牌并进行广告宣传。一旦这样做了它就有了产品特色，如新奇士的品牌，市场就由完全竞争而进入垄断竞争，凭这些产品特色可使价格上升。一个农户没有能力创造品牌，也无力进行广告宣传，但把农民联系在一起的协会可以，最后还可以做一个农户无法做到的事，比如研究和推广新技术、统一产品的标准、与供给商讨价还价、降低农药化肥等的进价等。新奇士协会已存在了一百多年，正在于它的这些作用对每个农户都有利。

使农民和农业走出困难的方法不仅只有这一种，国家的支持、农户加公司等都是行之有效的办法。用什么方法就要根据不同农产品、不同地区的实际情况。无论用什么方法、新奇士都是有启发的。

武林中的产品差别
——垄断竞争市场及产品差别

读武侠小说时我注意到,历史悠久、成员众多的沧州派,在武林中毫不起眼,谁都打不过。但西南来的小女子蓝凤凰孤身一人靠出其不意的制毒和施毒让众多武林高手心惊胆战,躲之唯恐不及,别说交手了。这是为什么?

我们把武林作为一个市场,把每一个门派作为一个企业,就可以解释这个武林之谜了。

武林这个市场上并没有任何一派可以较长时间内打遍天下无敌手,独霸武林,它不是一个垄断市场。尽管有少林、武当这几个实力雄厚的大帮派,但也起不了左右武林市场的作用,当然不是寡头市场。它不是许多小的门派在不受限制地竞争,不能说是完全竞争市场。武林这个市场上,有大大小小数不清的门派,各自都靠自己的独门特技在这个市场上生存着、发展着、竞争着。比如少林派的少林拳、武当派的武当剑、丐帮的降龙十八掌和变化无穷的打狗棒,还有东邪、西毒、南帝、北丐、中通神,或张无忌、杨过这样超级大侠的盖世武功。每个武林门派或大侠都靠一两个绝招打遍天下,驰骋江湖。这是一个垄断竞争市场。

垄断竞争就是既有一定程度的垄断又有相互竞争。这就是各个武林门派或大侠都在市场上有一定的号召力和地盘,各个门派和大侠又处于永远争斗的竞争中。形成这种垄断竞争格局的是各门派和大侠们的独门绝技。用经济学的语言说，就是产品差别。

产品差别不是不同物品的差别，例如汽车与自行车的差别，而是同一种物品在质量、品牌、形式、销售方式、与商品相关的各种服务等方面的差别。如都是汽车，质量不同，别克或本田的品牌不同，越野车与跑车车型不同，店里买和网上买不同，4S店的售后服务不同等等。这些就是产品差别。武林中都是武术，剑与刀不同，即使同样的剑用法也不同，华山派就有剑宗与气宗之别，武林中各种武术的名称不同等，这些都是武林中的产品差别。

产品差别会引起垄断。这是因为每一种有差别的产品都会以自己的特色吸引一部分消费者，对他们形成垄断。武林中各门派都靠自己的武术特点吸引一批门徒，这个门派就对这些门徒形成垄断，同时也靠自己武术的特点在江湖上形成自己的垄断地位。蓝凤凰的制毒施毒就是她的独门绝技，她就有了垄断地位。

但这些产品相互之间都可以互相代替，有某种程度的替代性，这就引起各种有特色产品之间的竞争。各武林门派之间的争斗正是这种竞争。

产品特色既引起一定程度的垄断，又引起相互竞争，这个市场就成为垄断竞争市场了。武林正是这样的垄断竞争市场。各个门派就是这个市场上的一个企业。《天龙八部》中的小女子王语嫣自己不会武功，但对各派武功的特色了如指掌。她对各派武术特色的介绍正展现了武林的产品特色。

在垄断竞争的物品市场上，各企业要靠自己创造的产品绝技生存发展，才能在市场上占有一席之地，否则就被淘汰出局。在武林的垄断竞争市场上，各门派也要靠自己创造的独门绝技生存、发展、竞争。沧州派正是因为没有这种独门绝技而衰落了，他们会的拳、棒、刀、枪毫无制敌于死亡的特色，不衰亡才怪。蓝凤凰就是一个弱女子，但有独门绝技照样过得很滋润。

但一种有差别的产品，即使再有特色，也不能永远成功。所以在垄断竞争市场上企业要不断地创造有特色的产品。一旦停止这种创新，企业的生命也快结束了。武林同样如此。《笑傲江湖》中华山派的衰亡，不仅是岳不群野心膨胀的恶果，也是华山剑法不再创新的结果。本来华山剑法有剑宗与气宗之分，如果相互学习融合，创造出一套融剑宗与气宗的新剑法，那不就可以独霸武林了吗？可惜岳不群心胸狭窄，故步自封，自以为剑宗就可以独步天下，从肉体上消灭了气宗的华山子弟。以后还是令狐冲遇到气宗前辈风清扬老人，学了气宗剑法，把它与剑宗剑法融合在一起，才为一代大侠。

江湖就是人生，武林就是市场。武林中的许多道理与市场上完全一样。经济学在日常生活中，也在江湖武林中。这样去读武侠小说你就会有新领悟了，读起来更有意思，不仅仅是看武林的故事曲折、武术奇异，而是看出点儿企业或人生的经济学道理了。

品牌为王

——产品差别的核心是品牌

一件材质为 43% 的棉、57% 为化纤的混纺 T 恤售价为 7900 元，因为它的品牌是阿玛尼（Armani）；一瓶香水的售价为 3 万英镑，因为它的品牌是克里斯汀·迪奥（Christian Dior）；一支普通圆珠笔售价为 2300 元，因为它的品牌是万宝龙（Montblanc）……不用再举了，这些顶尖级名牌产品的价格这么高就因为它是名牌。这就是品牌为王的含义。

我们说过，产品差别包括质量、品牌、外形、与产品相关的服务。但这些差别的关键是品牌，因为品牌是其他产品差别的综合体现，而且消费者易于识别。品牌的重要性体现在三个方面。

首先，品牌是一种质量保证。品牌这个词来自挪威语，原意是为了表示牛的质量打在牛身上的一个烙印。许多产品的质量不易于认识、判断，消费者本身也不具备检验质量的能力。品牌就成为他们判断质量最简单易行的方法。正如当年挪威人根据牛身上的烙印来判断牛的质量一样。美国消费者协会曾进行过一个调查。向被调查者提出，如果你来到一个陌生的地方，当地有两家餐馆，一家是当地人经营的，另一家是麦当劳，你会选择哪一家。80% 以上的被调查者选择麦当劳。因为麦当劳可以保证营养与卫生标准，而当地人开的则不好判断。几乎所有消费者都把品牌与质量联系在一起，宁可花高价也要买质量可靠的有品牌产品。

其次，品牌是身份的代表。任何一个社会都分为不同的社会阶层，一个社会阶层的人要通过消费来体现自己的社会阶层。不同阶层的消费者用不同品牌的产品已成习惯，所以品牌就代表一种社会身份。尤其对上层社会的人来说，他们炫耀自己社会身份正是靠名牌产品。我们开头举的那些例子说明，名牌产品以价高而代表上层社会身份。

最后，品牌本身的魅力可以使消费者形成品牌忠诚，即习惯性地使用某种品质的产品。这样的品牌忠诚甚至会一代代传下去。美国经济学家发现，就质量、外形、包装等方面而言，拜耳阿司匹林和其他阿司匹林一样，但市场上拜耳阿司匹林尽管价格略高，卖得还最好。他们调查发现，这已成为一种无意识的习惯性行为。也许是他幼年为祖父买阿司匹林时，祖父强调买拜耳的，不知不觉地影响了他，长大后成为一种无意识的购买习惯。也许是他的朋友影响了他。总之，这种习惯一旦形成就难以改变，成为拜耳忠实的"粉丝"。这不就使拜耳有了稳固的市场了吗？

那么，企业应该如何做品牌，尤其是创造名牌呢？这需要两步，一步不可少。第一步是在产品身上下功夫，做出高质量、有自己特色的产品。比如耐克是名牌。他们极为强调产品质量，在世界各地的加工厂都派人监控质量，从原料到做工，一个细节都不放过。而且耐克球鞋底上的充气垫使鞋轻而弹跳力强，成为耐克不同于其他鞋的特色。更别说它的式样不断翻新，颇能抓住年轻人的心。

第二步是要做广告。没有广告宣传，再好的产品也成不了名牌。这就是我们常说的"酒好也怕巷子深"。耐克鞋的目标消费群体是青少年。所以，他们在20世纪80年代耐克准备上市之前就不惜以每年50万美元的高价聘请青少年心中的偶像迈克尔·乔丹做他们的广告代言人。当乔丹跳起投篮时，耐克的红色标识深深打动了青少年的心，一上市就成为名牌。

中国企业也认识到品牌的重要性，也想创造名牌，现在我们也有了一些名牌，如华为手机。但在创造名牌上仍有两个误区。一是不重视产品质量，把力量放在广告上。广告毕竟要以质量为基础，谁只相信广告呢？二是做出了好产品但没有做好广告。

　　国际上许多大名牌，比如我们开始举的几个，都有上百年甚至更长的历史。可见名牌不是一天创造出来的。但我相信，中国的名牌未来一定会走向世界，这是我的心愿。

炸油条就是创新
——创新的含义

南宋时,京城杭州有许多卖早点的小摊贩,都卖相同的油炸食品,竞争异常激烈。有一对名字已不可考的年轻夫妇突然灵机一动,把所炸食品改为两个长条放在一起,并命名为"油炸桧",意思是油炸秦桧夫妻。当时人们纷纷购买,一来炸成长条的好拿,二来更重要的,大家都恨卖国求荣的秦桧夫妇,把他们炸了拿来吃,每一口都咬着痛快、解气。这种"油炸桧"就是今天我们吃的油条。

把油炸食品改换个形式,并起一个名字,这就是这对小夫妇的"创新"。你会奇怪,铁路、电子、互联网这些发明的应用才叫创新,炸个油条算什么创新?炸油条算不算创新呢?我们来看创新理论的建立者、美国经济学家熊彼特给创新下的定义。

在《经济发展理论》中,熊彼特指出,创新是生产要素的重新组合,包括下列五种情况:"(1)采用一种新的产品——也就是消费者还不熟悉的产品——或一种产品的一种新特征。(2)采用一种新的生产方法,也就是在有关的制造业部门中尚未通过经验检定的方法,这种新的方法决不需要建立在科学上新的发现的基础之上,并且,也可以存在于商业上处一种产品的新的方式之中。(3)开辟一个新的市场,也就是有关国家的某一制造部门以前不曾进入的市场,不管这个市场以前是否存在过。(4)掠取或控制原材料或半制成品为一新的供应来源,也不问这种来源是已经存在的,还是第一次创造出来的。(5)实现任何一种工业的新的组织,比如造成一种垄断地位(例如通过'托拉斯化'),或打破一种垄断地位。"

我不用解释,大家可以看出,炸油条属于第一种情况:一种产品的一种新特征。炸油条的特征就是与传统油炸食品的形式不同,而且名字不同,名字的含义也不同。这种"油炸桧"当年受到欢迎,如今仍然是人们爱吃的食品,说明这个创新是成功的。一千多年了还能留下来,不就是明证吗?

过去说到创新总想到那些改变历史的创新,其实创新有大的,比如工业革命、火车和内燃机、电力,以及当代的电脑和网络,这些创新的确改变了历史。但也有中等创新,如汽车、电冰箱等的发明;还有众多小创新,如我们所说的炸油条。各种创新的作用不同,但却是经济发展所需要的。勿以善小而不为,才能学会创新。尤其对一个小企业来说,大创新甚至中创新都是无力承受的,但小创新很容易办到。南宋那对年轻夫妇有什么资本实力?有什么高智商?受过什么良好教育?连名字也没留下来,自然是草民一介。但他们都可以创新,我们为什么不行?从小创新做起,力量强大了,才能进行中创新或参与大创新。千里之行起于足下,"足下"正是这些不起眼的小创新。人人创新是人人都可以进行小创新。

当然创新也不能小创新一下就坐享清福,还要不断创新。像南宋年轻夫妇这样的创新当年也没有专利保护,很容易被别人模仿。一旦大家都去做"油炸桧",早点市场又是完全激烈的竞争了。这对小夫妇的好福气瞬间就会消失。所以,创新是一个过程。从一个企业来说,不能满足于一次创新的成功,否则成功只是暂时的。以餐饮业来说,当年的快餐连锁"小土豆"多火,吃顿饭都要排队。如今哪里去了?就是因为他们那样大众化的快餐形式很快被别人学到了,自己的餐饮又没什么特色,激烈的市场竞争很快就把他们赶出了市场。一次创新并不难,难的是不断创新。你看苹果手机不断推出新型号、新功能,它们才有生气,才有竞争力。

大的创新要政府主导或大企业操盘。中创新也非小企业或个人可为。但小创新人人都可以，不需要什么资金或科研力量，只需要灵机一动。但这灵机一动就靠平时认真的观察和思考。只有经常这样观察和思考，到一定时候，才会有天才思维的闪耀。南宋的小夫妇一定是经常观察与思考之人。每当吃油条时，我就会想起他们。

智猪博弈的启示
——企业创新战略

企业应该采用什么创新战略,是自己主动创新,还是等待别人创新自己模仿。在解决这个问题时,我们先看看有智慧的猪之间的博弈。

有两头智猪,一大一小,它们有与人一样的智慧,也学过入门的"经济学101",懂得成本-收益分析。也许它们是八戒的"后猪"吧!

它们共同在一个食槽上进食。食槽上有一按钮。按一次会有10单位猪食进入,但按按钮者要付出2单位猪食作为成本。博弈的规则是每头猪都可以选择按按钮或等待。无论谁按按钮,大猪吃得快、吃得多,小猪吃得慢、吃得少。如果大猪选择等待,小猪按按钮,大猪吃9单位,并不付出成本。小猪只能吃1单位,并付出2单位成本,净吃食为负1单位。如果小猪选择等大猪按按钮,大猪吃6单位,扣除2单位成本,净吃食为4单位。小猪也吃到4单位,没有成本,净吃4单位。如果两猪同时按按钮,大猪吃7单位,小猪吃3单位,各自扣除成本后,大猪吃5单位,小猪吃1单位。如果两猪谁也不按,结果谁也吃不上。

我们看大猪的占优战略一定是按按钮。因为只有它按可以吃4单位,共同按可以吃5单位,而不按,等小猪按可以吃9单位,如果双方都不按什么也吃不上。当然小猪按钮最好,但小猪不会干负

1 单位的傻事，大猪就只有自己按了。

小猪的占优战略一定是等待。因为它先按，或者大猪不按，它吃负 1 单位，同时按可以吃 3 单位。如果自己不按，等大猪按可以吃 4 单位，大猪不按就都饿死。但大猪分析了博弈的结果，是不会不按的。

这样各自的占优战略就是：大猪按，吃 4 单位，小猪不按，也吃 4 单位。这个智猪博弈说明了，在双方力量不等的情况下，力量强的一方的占优战略是主动出击（按钮），力量弱的一方的占优战略是等待（不按钮），搭力量强一方的"便车"，它吃肉我喝汤。

把这个策略用到企业的创新上，就是力量大的企业主动创新，力量小的企业则是等待搭大企业的"便车"，或进行模仿，或为大企业提供创新产品的零部件和相关服务。如果小企业不自量力主动创新，自己付出了巨大成本，好处都让大企业获得了。这不是讲故事，而是有真实案例。20 世纪 90 年代，万燕是一个小电器公司，广东的那些家电厂才是大公司。万燕不自量力，开发出了 VCD，并做广告，这就是小猪按钮所付出的成本。但它的生产能力有限，市场占有率不高，营销能力与营销网络也不强。VCD 并没有什么高科技含量，很容易模仿。广东的大家电厂看到 VCD 的魅力，于是学会了制造，利用自己强大的生产能力、市场营销能力，迅速占了市场。搭上了万燕的"便车"，获利巨大。而万燕像吃了负 1 单位的小猪那样破产了。

当然市场上像万燕这样傻的小猪太少了，所以大猪守株待兔也不行，不是总有这样的小猪让你搭"便车"的。因此，市场上创新就要靠大猪。这就要有意识地培养大猪。市场上全是小猪似的小企业是不行的，一定要有大猪出现。

大猪的形成还要靠市场竞争。原来市场上都是小猪，但有的小猪生产率高，它就可以在市场竞争中通过价格战、产品差别战等方式把其他小猪赶出市场，或利用兼并重组吃掉，把自己变成大猪。这个你死我活的竞争过程是残酷无情的，但没有这个过程，市场上没有大猪，经济就没有创新能力，难以进步。市场经济不是在和风细雨中前进的，是在腥风血雨中前进的。

当然政府也可以促进大猪的形成，给生产效率高的小猪以信贷等方面的支持，让它更快成长。不过政府要选对目标，如果选了差的小猪就反而是保护落后了。所以政府的扶植仍要以市场竞争为基础。人们有时不相信政府就是因为，政府往往由于各种原因而选错扶植目标。所以起主导作用的还是市场，政府仅仅是助推而已。

为什么美国只有三家汽车公司
——寡头市场

一百多年前,美国有近一百多家汽车公司,但经过20世纪20年代激烈的价格战之后,只剩下福特、通用、克莱斯勒这三家,而且至今仍然是三家。汽车工业并不是立法禁止进入的行业,为什么其他企业不进入,让这三家一直称王称霸?

这与汽车工业的行业特点相关。汽车工业和其他许多制造业企业一样,要求大规模生产,只有达到一定的规模才能实现规模经济,即平均成本最低。这就必须有大量的投资,而且有管理人才方能管好这个巨大而复杂的企业体系。这个行业一旦出现几个大企业,其他企业即使没有立法限制也很难进入了。因为进入一来需要大量资金,建立大型的工厂;二来即使建立了在规模上与已进入该行业企业相当的企业,但由于先来者的优势,成功也有极大风险。所以其他企业也就不进入了。这样几个企业控制一个市场的市场结构就是我们所说的寡头市场。

"寡头"一词来自希腊语,原意是"少数几个",指介于一个人说了算的独裁和多数人说了算的民主之间的一种政治制度,即希腊人说的寡头政治。经济学家借用这个词指一个企业控制市场的垄断和许多企业在市场上竞争的完全竞争和垄断竞争之间的市场结构。寡头和其他市场之间的差别在于市场集中度。按美国的标准,四家集中率在0.6以上或赫芬达尔-赫希曼指数在1800以上就属于寡头市场。反垄断法是适用于这个市场的。制造业行业基本都属于这种市场结构。

寡头行业的最关键条件就是规模经济至关重要，只有达到极大规模才能实现平均成本最低。比如在国外，钢铁行业要达到年产 1000 万吨钢以上，汽车行业要达到年产 300 万辆汽车以上。这个市场上，有些行业，产品差别并不重要，比如钢铁行业，型号相同的钢材，即使有什么差别对买家也不重要。这种寡头称为纯粹寡头。有些行业有产品差别，如汽车行车和民航业。这种行业的产品差别对竞争也十分重要。比如中国航空业中，厦航、川航这些并不大的寡头，由于服务好、吃得好，也有能力与国航、南航、东航这些国有巨大航空公司竞争。这种寡头，称为有差别寡头。

寡头市场又可细分为双头与多头。双头就是市场上有两个寡头，如世界民航飞机制造业的市场上就只有波音和空客两个寡头。多头是指市场上有三个及以上的寡头，如美国汽车市场上有福特、通用、克莱斯勒三家企业。这两种类型的寡头市场竞争策略也不一样。双头市场上要采用跟随策略，即一个寡头做什么，另一家寡头也必须跟进，才能保证双头的平衡。这就是波音与空客飞机型号都相似的原因。多头市场则不能采取这种战略。

寡头市场上一个最显著的特点是供大于求，比如世界汽车市场上，每年需求为 6000 万辆，但生产能力为 8000 万辆。这是因为，这个市场上竞争的目标是利润量最大化，即不追求每一辆车的利润率最大，而追求总利润量最大。竞争手段主要是价格竞争。为了追求利润量就要扩大生产规模，但每一个寡头企业都十分巨大，也很难把哪一家企业挤出市场。这样整个市场的供给能力就大于市场需求了。供大于求又引起价格下降。汽车的降价不仅由于技术进步或原材料降价，也由于这种供大于求的竞争格局。所以寡头市场上利润率极低。现在国外好的寡头企业利润率也就 5%，国内不少寡头企业利润率在 2% 左右。所以这个行业的出路还在于技术创新。美国汽车行业的三家寡头企业已经日趋没落，靠政府的补贴才勉强度日。

但制造出电动汽车的特斯拉却日益兴旺,还有钱去制造火箭与飞船进入太空开发领域。

我国是一个制造业大国,许多行业也是寡头市场,寡头市场理论对我国制造业的发展还是有启发意义的。

欧佩克不再风光
——寡头勾结的结果

欧佩克（OPEC），即石油输出国组织。它是世界石油寡头勾结的一种价格联盟，或称卡特尔。它在1960年成立时共有科威特等五个国家，1973年又有卡塔尔等八个国家加入。它们控制了当时世界储藏量的四分之三。它们勾结起来的目的是限制产量，确定石油价格。它们有辉煌的时代，使石油价格从1972年的每桶2.64美元上升到1974年的11.17美元，1981年又上升到35.10美元。这引起西方世界的经济衰退，20世纪70年代是战后美国经济最糟的时候。但80年代之后欧佩克就威风不再了，1986年世界石油价格又回落到12.52美元。以后价格时有波动，但总体上是下跌。2020年新冠肺炎疫情席卷全球时，石油价格一路下跌，它们毫无办法，还希望美国和其他产油国出手，维持世界石油价格。

欧佩克的勾结为什么不能成功？我们可以用博弈论来说明这一点。我们假设石油市场是一个寡头的双头市场。假使石油市场上只有两个寡头A和B。它们在最有效率，即成本最低达到规模经济时，各自的产量为6000万桶。这时生产每桶的平均成本为6美元。市场上石油总供给量为12000万桶，供求平衡，石油价格也为6美元。A和B没有利润。这时它们组成一个卡特尔，勾结起来。它们把各自的产量限制为每家生产4000万桶，市场总供给为8000万桶。这时石油的平均成本为8美元（产量减少，成本达不到最低，上升了）。

但市场上供小于求，世界石油价格上升到 9 美元。这两个寡头各获得利润 4000 万元。

这时如果一家违约，另一家仍守约，会有什么结果呢？违约的一家生产 6000 万吨，守约的一家生产 4000 万桶，世界石油总供给量为 10000 万桶，市场价格为 7.5 美元。违约的一方获利为市场价格（7.5 美元）减生产成本（6 美元）为 1.5 美元再乘 6000 万，共计 9000 万美元。守约的一方亏损为 8—7.5 美元，每吨 0.5 美元再乘 4000 万吨为 2000 万美元。

双方签约之后有两种选择，守约和违约。国际上并没有什么立法能保证它们守约，违约也不会受到什么惩罚。因此，它们采取占优战略，即从自己利益最大化出发决策。A 的决策思路如下：如果 B 守约，我也守约，获利润 4000 万美元；如果 B 守约，我不守约，获利润 9000 万美元。可见 B 守约时，A 违约有利。如果 B 违约，我守约，则要亏损 2000 万美元；如果 B 违约，我也违约，经济利润为零。可见 B 违约时，也是 A 违约有利。于是 A 的选择是违约。

B 也不傻，思维过程与 A 完全一样，最后做出了违约的决策。他们双方都违约，结果又回到了未签约之前。

在这种简单的双头一次性博弈中，合作是极为困难的。但如果双方进行多次博弈，各方采用"一报还一报"的策略，即这次你违约，下次我也违约，这次你守约，下次我也守约，那么，各方就会认识到，合作起来是有利的。但在欧佩克中，成员不是两家，而是多达 13 家。这种多头博弈就极为复杂了，一报还一报的战略也未见其有效。从现实看，欧佩克中各个成员都希望别国守约而自己悄悄地违约。这种行为其他成员国也难发现。发现了也没有什么办法惩罚违约者，只能自己也违约而已。这不就是当初两家勾结前的结果吗？

当然，欧佩克不再风光也有其他因素。一是非欧佩克国家石油的发现和生产增加，例如，俄罗斯、阿塞拜疆的石油产量增加，20 世纪 80 年代英国、挪威海洋中石油的发现与开采，美国页岩油技术的开发等。二是在 70 年代石油涨价之后，各国重视并开发了新的节油技术，对石油的需求减少。新冠肺炎疫情使各国经济放缓也减少了石油需求，使其价格一路下降。

  寡头之间的勾结暂时成功的例子有，但长期成功的例子没有。而且许多国家都有禁止寡头勾结的立法。世界范围内，在道德层面上，寡头勾结对一国也会带来不利的影响。从长期来看，不利于一国经济的发展和国际地位。欧佩克的教训值得每一个国家汲取。

民航同机不同价
——歧视价格

坐同一架飞机,同样的舱位,每个人付的价格有可能不同。有人是6折的,有人是全价的。这种价格差别就是现在各航空公司都采用的歧视定价方法。这种对同样的产品或服务向不同消费者收取的不同价格就是歧视价格。

民航公司采用这种价格是因为,如果都是全价,飞机上就会有一些空座。如果都是6折票价,飞机满员了,但收入少了。采取歧视价格,让不同乘客支付他们愿出的最高价格,能增加民航公司的收入,公司当然愿意用。

所有公司都想这样做,为什么只有民航公司或其他几个少数行业可以用,并不是普遍适用呢?

这是因为实行歧视价格必须具备四个条件。第一,这个企业无论是在垄断竞争市场上还是寡头市场上,其产品一定要有相当高的垄断程度。第二,这种产品或服务是不能转让的,谁购买就要由谁消费,不能转让给其他人。第三,这种产品与劳务的消费者可以分为两种类型,一种是需求缺乏弹性的,另一种是需求富有弹性的。第四,要能找到一个客观标准把这两种消费者区分开。

幸运的民航就具备了这些条件。民航是一个寡头市场,民航服务垄断程度相当高。而且,民航登机需要证件,实名制,无法转让给其他人。民航乘客大体分为两类:一类是公务乘客,他们外出不用自己出钱，只求出行方便，很少考虑价格，其需求缺乏弹性；另一类是一般乘客，外出自己出钱，当然要考虑价格，而且民航还有替代品铁路或自驾车。飞机便宜坐飞机，飞机贵就改用其他交通工具。他们的需求富有弹性。更为幸运的是，民航找到了区分这两种乘客的方法。比如，他们发现，一般自己花钱坐飞机的乘客出行都是有计划的，会提前订机票，而公务乘客一般是随机出行的多，一般在起飞前一天才订票。因此，他们就根据订票时间的早晚来实行歧视价格。订票越早越便宜，越晚越贵。当然，民航公司还发现了更多区分两类乘客的方法，也就有多种实行歧视价格的方法。这种歧视价格用得最广，我们称为三级价格歧视。

还有一种歧视价格的方法，但所用的区分不同消费者的方法不同。这种方法最常用于唱片公司这类文化企业。比如某唱片公司出了某歌星的一张唱片。他们知道，买这张唱片的人有两类：一类是她的粉丝，他们属于需求缺乏弹性的，为自己所崇拜的歌星出多少钱买唱片都行；另一类是一般公众，他们属于需求富有弹性的，便宜买一张听听，贵就算了。他们针对这两类消费者的区分方法是，首先推出高价的，买的一定是她的粉丝，三个月后再推出低价的，买的是其他公众。如果都用高价，一般公众不买了；如果都用低价，能向粉丝多收的钱收不到了。只有使用歧视价格才能实现收入最大化。这种歧视价格称为二级价格歧视。

更进一步的歧视价格是对每个人都收取不同的价格，而不像三级和二级价格歧视那样是对不同部分的人收取不同的价格。这种歧视价格让每个人都支付最高价格，当然收入最多。但这种歧视价格只能用于最高档的服务。比如一个名牌医生的服务。患者都想治好病，这位医生的技术非常好，但这个医生能治的病人有限，于是就让每个人都付出他们愿意支付的最高价格。这正是名医收入高的重要原因。

在现实中，歧视价格的运用相当广泛。企业只要有可能就这样定价。另外两种重要的形式，一是俱乐部会员制价格，对会员与非会员收取不同的价格,二是政府定价中的阶梯价格,即对不同量的产品或服务收取不同的价格。

  定价是一门艺术。企业要会运用这种艺术,知道什么时候对什么人收高价,什么时候对什么人收低价,才能成功。

是是非非话微软
——垄断的利弊

传统经济学认为,市场经济的活力在于竞争。根据这一理论,美国早在1890年就通过了第一部反托拉斯法——《谢尔曼反托拉斯法》,以后又通过几部修正案,修改和完善这个反垄断立法。在历史上也解散过一些垄断企业。20世纪80年代初,美国电话电报公司(AT&T)被强令解散,放开了电信行业的进入限制,使由这家公司一统美国电信业的局面被打破。

但20世纪90年代之后,风向似乎变了。波音与麦道的合并得到美国政府的批准,从此美国大型民用客机的生产只有这一家企业。稍后,美国司法部对微软公司长达十年的反垄断诉讼最后不了了之。尽管微软缴纳了巨额罚款,但公司作为一个整体保存下来了。

经济学理论上的垄断是一个企业控制了一个行业,或者说垄断是没有充分竞争的市场。垄断的出现有三个原因。第一,由于自然资源或技术上要求企业规模极大,只可能有一家企业,这种垄断称为自然垄断。第二,由于立法的限制,其他企业无法进入,如过去美国电话电报公司垄断的形成,这种垄断称为立法垄断。第三,这个市场的产品没有相近的替代品,也就是没有替代品生产企业的竞争。

当一个企业垄断一个行业,它可以在高价少销与低价多销之间做出选择。它完全可以通过对产量的控制来决定自己的价格。产量不会达到最高水平,消费者不得不接受高价格和低劣的服务。资源没有得到最优配置,产生了无谓损失,高价格又伤害了消费者的利益,这正是要打破垄断的原因。当年美国电话电报公司垄断电信市场正是这样,所以打破垄断之后,通话费下降,服务质量也改变了。由于竞争,消费者得到了更廉价更方便的电信通信。

但为什么20世纪90年代之后风向变了呢?应该说,世界上的事情没有绝对的,垄断也有弊有利。再以美国电话电报公司为例,它的垄断的确有上述问题,但它雄厚的实力建立了贝尔实验室,凭借公司的实力做出了从半导体、晶体管到超导这一系列的技术突破,对电信上的技术进步做出了不可否认的贡献。

20世纪90年代之后反垄断风向改变还与当代世界发展的两大趋势相关。

一是科技的突破对经济增长有至关重要的作用。这些技术突破需要大量财力与人才。这种突破有相当一部分由企业承担,尤其是重大实用技术的开发。这种技术突破还有相当大的风险,这种风险也只有大企业才能承受得起。所以,只有垄断性的大企业才是科技进步的动力,解散它们对科技突破不利。

二是全球一体化加剧。在全球经济中,各国之间的竞争其实是科技力量的竞争。一国只有具有先进的科学技术,才能在世界上称雄。所以,大企业实现的科技突破及由此带来的丰厚利润不仅是大企业自己的,也是整个国家的。

正是基于这种认识,美国三百多名经济学家,其中不乏诺贝尔经济学奖获得者,联名上书要求撤销对微软的反垄断起诉。他们认为,在电脑、互联网行业,技术日新月异,要保持持久的科技优势还要靠微软这样的大企业。解散这样的大企业就打击了科技创新与进步的能力,对美国在世界上的领先地位不利。而且,微软在世界上所形成的垄断地位与实力是美国实力的一部分。对美国保持世界第一的地位,对美国的国家安全,对美国经济的繁荣都是极为重要的,打击微软就是打击了美国。同时,他们也指出,微软的垄断地位不是政府给的,是微软自己拼搏出来的。打击微软是对竞争成功者的打击。成功者受打击，谁还去拼搏？美国司法部最后的让步恐怕也与这封公开信所讲的道理相关。

　　在不同时期、不同行业，垄断有不同的作用。在不同情况下利弊也不相同。不能一棍子打死，或者凡垄断必打，要区分情况，具体事情具体处理。这正是美国反垄断政策的进步。

戴比尔斯公司为什么做广告
——有保障与无保障垄断

戴比尔斯（De Beers）公司是南非的钻石公司。它控制了世界钻石生产的 85% 以上，成为世界钻石市场的垄断者。当它每年在英国伦敦舰队街的一座小楼上举行钻石交易会时，不许买家有讨价还价的权力，谁要不接受它的一口价，下次就不能参加交易会。可是这样霸道的垄断者仍然要做广告，它的广告词"钻石恒久远，一颗永流传"为所有人熟知，也使许多人怦然心动。

我们知道，垄断是市场上某种产品唯一的供给者。这种市场上没有竞争者，消费者也没有选择的余地，没有必要做广告。但戴比尔斯公司为什么每年不惜花 10 亿美元大做广告呢？

其实垄断有两种情况：有保障垄断与无保障垄断。有保障垄断就是它的垄断地位没人可以动摇。依靠客观原因而形成的自然垄断，比如控制了某种稀缺的自然资源或规模经济而形成的自然垄断，除了自来水这样的行业，有保障的垄断并不多。只有靠立法形成的立法垄断才是有保障的垄断。比如在许多国家都有的一家国有企业对某个行业的垄断，不是其他企业无法进入，而是立法禁止了其他企业进入，从而垄断就有保障了。

戴比尔斯公司是由资源垄断形成的垄断，属于自然垄断。但它的威胁并不来自潜在进入者。世界上剩下 15% 的钻石主要在俄罗斯和斯里兰卡，且由于开发艰难，而且品质也比不上它，在可以预见的未来并形不成威胁。尽管也生产出了高仿真的人工钻石，但假的就是假的，也形不成威胁。可以说，除非外星上有大量钻石，并廉价地运回地球（这种可能性并非没有，但太遥远了），戴比尔斯公司就不用担心潜在进入者。

我们知道，实现有保障垄断除了立法外，还有一个重要的条件就是无相近的替代品。如果有替代品与之竞争，它的垄断地位就打破了。戴比尔斯公司面临的正是替代品的威胁，所以它不是有保障的垄断，而是无保障垄断。

这就是说，戴比尔斯公司的威胁来自替代品。钻石除了工艺上的运用之外，主要还是用作装饰品，美化自己，或者炫耀自己的身份。但在作为装饰美化自己或炫耀的意义上还有翡翠、红宝石、蓝宝石等。这些物品同样是昂贵的。这些翡翠、宝石能否代替钻石就取决于人们自己的认识。如果他们认为，翡翠、宝石和钻石一样可以作为装饰品美化或炫耀自己，钻石就遇到了挑战，垄断地位就动摇了。如果人们认为翡翠和宝石不能代替钻石，它的垄断地位就有保障了。

戴比尔斯公司的广告正是要告诉人们，钻石有其特殊的含义，是翡翠和宝石无法替代的。这就在于它代表的永恒性，只有它才能代表爱情和婚姻的永恒。因此，定情、结婚一定要送钻戒，而不是送翡翠戒或宝石戒。广告的真理是"谎言重复千遍就是真理"。所以，戴比尔斯公司不惜花巨金在全世界传播这个观念。也许你作为个人不相信那一套广告，但你身边的人都相信，而且在定情、结婚时都要送情人或妻子钻戒，你即使不愿意也不能打破这一根深蒂固的社会习俗，结婚要竭尽全力买一个钻戒，且越大越好。从戴比尔斯公司在英国舰队街那座小楼的霸道来看，这个广告成功了，10亿美元花得不冤，垄断地位有保障了。

这个案例告诉我们，打破垄断的一个方法是扶植替代产品生产者的竞争，或者帮助潜在进入者成功。当然，这种"扶植"或"帮助"不一定借用政府的力量，还是要让它们在市场竞争的风雨中成长，强大起来，政府无非为它们提供一个公正的竞争环境而已。

走出煤的阴影
——产业结构转型

从小我就知道,山西是中国甚至世界上产煤最多的地方。我上的中学是太原铁路中学,劳动课就是参加晋煤外运。到车站上给火车装一天煤,回来写一篇"记一次晋煤外运"的作文就是"教育与劳动生产相结合"了。对一个不到18岁的孩子,装一天煤还是相当累的,但想到这是为社会主义做贡献就忘了这一切。

不过祖宗留下的煤运走了,山西并没有富起来。当时全国都穷,但产煤的省比北京、上海等用煤的地方还穷得多。过了许多年后知道了晋商,才明白历史上山西相当富,但这种富与煤完全无关。晋商起源于盐,以后从事对日贸易,多元化的国内贸易与国际贸易,包括从不产茶的山西把茶叶卖到蒙古、俄罗斯乃至西欧等地。最辉煌时则是融通天下的票号。以后山西发现了煤,晋商却衰亡了。

山西的煤是19世纪30年代德国地质学家李希霍芬发现的,真正的大规模开发是在20世纪50年代之后。新中国成立后,大规模的工业化和经济发展需要大量的煤,山西的煤就生逢其时了。从南到北,整个山西成了一个大煤矿。在计划经济下,山西的定位是全国煤炭供应基地。尽管煤是稀缺的资源,但并不按市场经济定价。我们都知道,计划经济下农产品与工业产品之间存在剪刀差。其实在工业产品中,作为原料和燃料的煤与制成品之间也存在剪刀差。由于这种剪刀差,山西损失了多少财富,从来没有人计算过。不过说它是一个天文数字也许并不夸张。

计划经济的账就没法算了。几亿农民吃了剪刀差的亏都没法说,何况小小的山西呢?好在祖国的繁荣有别人一份,也有咱山西人一份就行了。改革开放之后,煤矿放开了,私人矿山如雨后春笋,不过富起来的只是煤老板们,而且他们的富也并没有带动山西人共同致富。政府从煤炭开发中受益也有限。这是因为当时的税收制度。在国外,矿产资源征收资源税,资源税是从价税,即按资源出售价格的比例征税,而且税收相当高,煤老板也只能得到企业的平均利润率,当地政府税收大增,这些地方富起来了。但我国当时对煤炭实行从量税,即按开采的数量征税,而且税收低且长期不变。这样就富了煤老板,他们的炫富在全国闻名,且他们对官员的行贿也位居首位。煤老板与少数腐败官员富了,政府及人民仍然穷。所以山西的人均收入在全国排名一直是后几位。

山西靠煤而发展还有一个更严重的后果就是忽视了其他产业的发展,放弃了其他优势。其实山西除了煤,至少还有两大优势。一是旅游业。山西是中华文明的发祥地之一,仅地面建筑文物就占全国的75%,从南到北值得看的文物比比皆是。但相当长时期内,山西人对旅游并不在意。旅游服务质量之差在全国也可以排在前列。现在进步多了,但旅游的开发与服务仍与旅游资源不相称。二是重工业与机械工业。在"一五"期间山西按国家规划在苏联援助下建成了许多重工业企业,如太钢、太重、太原矿山机械等。这些企业在全国也是举足轻重的。太原重型机械厂在"文革"前就制造过万吨水压机,以后又制造了三峡大坝的巨型闸门。但山西省没有重视这些企业的改造与发展,如今的辉煌已远不及其他地方了。一个省,没有多元化的发展,仅以煤为本,即使有一时的富裕,也是持续不下去的。何况山西连一时的富裕也没有。所以,我常说的一句话是,山西倒霉就倒在煤上。

山西处于内地,本来就保守、封闭。过去很长时间内担任山西省领导的大都是煤炭出身的干部。他们只想完成煤炭生产任务的目标，其他就无从顾及了，尤其对旅游更不重视，一直走不出煤的阴影。不过这些年山西的领导非煤化了，他们有了调整产业结构，把发展转向煤以外产业的计划，并已付诸实施。我相信煤这个阴影会过去，山西会和全国一样富裕起来。

冒险是经济进步的火车头
——冒险的意义

传统经济学认为，由于边际效用递减，多得到一元钱的边际效用要小于失去一元钱所失去的边际效用，所以绝大多数理性人是风险厌恶者。不过现实中还有少数人是风险中性者或者风险爱好者。在历史和现实中，这少数风险爱好者才是经济进步的火车头，那些理性的风险厌恶者只是随大溜的车厢而已。经济进步靠火车头而不靠车厢。

现实世界是一个时时处处充满不确定性的世界。谁会想到2008年美国的金融危机？谁会想到新冠肺炎疫情从2019年年底暴发持续到现在还看不到结束的曙光？未来世界还有多少不确定性谁也不敢预测。这种不确定性的存在就引起风险的存在。不过这两者之间有一个根本的差别。不确定性是无法预测的，人们永远也不会知道不确定性什么时候出现，有多严重，出现的规律是什么。但一些风险是可以预测的，而且可以根据大数定理预期它出现及危害的概率。这才有了为风险提供保险的保险业。不过并非任何风险都可以投保。房子着火、身体患病、遭遇车祸都可以投保，但你在股市炒作、去赌场一博，就无人为你保险。

我们说风险爱好者的冒险是经济进步的火车头指的并不是赌博这类冒险，而且冒险者从事的风险活动也没有人保险。比如哥伦布当年发现美洲属于我们所说的冒险。哥伦布是一个风险爱好者，他喜爱海上航行这类充满了极大风险的活动，也没人为他的航海保险。他出去寻找东方航路的航海，充满了不确定，也处处是风险。他的冒险发现了美洲。没有这个冒险的成功，我们能吃到玉米和土豆，能有烟抽吗？而且美洲的发现是真正全球一体化的开端。没有这种全球一体化，有今天的经济进步和繁荣吗？当然没有哥伦布也会有其他人在以后发现美洲，但历史选择了他，他的冒险就成为经济活动的火车头。

经济进步需要冒险这个火车头。鲁迅先生曾盛赞第一个吃螃蟹的人，在食物开拓史上，这个人也是一个冒险者。其实世界上任何事情的第一人都是冒险者，历史不正是由这一个个第一不断推动而进步的吗？记得"美国在线"的创始人在清华大学的一场演讲中盛赞这种冒险精神。我记得他说，互联网开始起步时是一项风险极大的冒险活动。当年的开拓者，有99%都失败了，只有1%成功了。但你要不参加当年的冒险，连1%的成功可能也没有。正是1%的冒险成功造就了今天的互联网时代。我们看到了这1%的成功者，为他们喝彩，但千万不要忘记那99%的失败者。没有他们的失败也难有1%的成功者。他们艰难的探险为成功者提供了经验与教训。所以我们应该赞扬第一个吃螃蟹的人，哪怕他因吃螃蟹而死。

一个人的成功要有冒险精神，一个国家的成功要靠冒险精神，历史上那些航海探险者，到南极、北极的探险者，开发一种新产品的探险者，总之在某一方面冒险的人都是历史进步所需要的。不过历史上的冒险者，还是西方人居多。我们中国即使有，也是屈指可数，而且并非重大的冒险。

为什么中国人缺乏冒险传统？我看从根本上说取决于两个因素。一是专制统治的压制。专制需要的是顺民，不是敢于冒险、不满现实的刁民。直至清亡为止的专制压制了多少有冒险之心的人？二是传统文化中的保守。孔子的教导是"父母在，不远游"，连远游都不行，那么到海上探险更不行了。如果把郑和航海勉强看作冒险，那么以后连这种冒险都没有了。传统文化让我们服从这个服从那个，哪有一点儿冒险精神？

不过我们80年代打破传统的"改革开放"是一次极大的冒险。这次冒险的成功才有今天的中国。今天的中国冒险精神也不断增加了。不少民营企业家就是第一个吃螃蟹的人。他们的这种冒险精神会推动中国经济走向更大的辉煌。

莎士比亚剧中的威尼斯商人

——风险管理

在莎士比亚的名剧《威尼斯商人》中,安东尼奥向犹太富商夏洛克借钱从事地中海贸易。船队遇风浪沉没,安东尼奥无力还债。夏洛克要求按契约规定从安东尼奥身上割下一磅肉。聪明善良的富家女鲍西娅让夏洛克按契约割肉,但不许流下一滴血,从而救了安东尼奥。文学评论家从中分析出莎士比亚的"反犹太倾向",我觉得这是一个分析风险管理的好案例。

世界上的事物瞬息万变,未来是不可知的。经济学家把这种未来的不可知性称为不确定性。人们在不确定的条件下从事经济活动,就产生了风险。经济学家把不确定性与风险联系在一起,但强调了两者之间的区别。不确定性是可能出现一种以上的结果,但无法知道是哪一种。风险是蒙受损失的可能性,风险出现的可能性可以根据大数定理用概率来表示。概率在0到1之间,概率越大,某种结果出现的可能性越大。许多事件的风险概率可以根据历史资料和相关信息来估算。安东尼奥从事的地中海贸易是有风险的,但可以估算出风险的概率。

在有风险的情况下,人们做出决策时只能根据预期收入。我们以安东尼奥为例来说明预期收入的计算。假设安东尼奥有10万元资产。用于无风险的投资在威尼斯开一家商店,每年可获利2万元。从事有风险的地中海贸易,船队安全回来可获利10万元,如船队遇险,则亏损 10 万元。安全回来的概率为 0.7,遇险的概率为 0.3,预期收入为:10 万元 ×0.7-10 万元 ×0.3=4 万元。一般人都是风险厌恶者,要鼓励人们冒险,有风险时的预期收入一定要大于无风险时的预期收入,两者之差称为"风险贴水",即冒险的报酬。安东尼奥从事地中海贸易正是为了得到这 2 万元的风险贴水。

预期收入是冒险的长期平均收入,但具体到每一次则是赚 10 万元或赔 10 万元。这里一种回避风险的方法就是通过投机活动转移风险。当时威尼斯有这样的投机者。他们在船队出发时预先按一定的价格把货物买下。船队顺利回来,他们赚钱;船队遇险,他们承担损失。假如安东尼奥按 13 万元的价格卖给投机者,无论船队如何他都稳赚 3 万元,还高于无风险投资。投机者成功赚 10 万元,不成功者要赔 13 万元。

转移风险的另一种办法是购买保险,保险公司承担风险。保险公司又把风险分摊到众多投保人身上。保险公司根据地中海贸易发生事故的概率来计算保险费。投保人和保险公司作为供求双方在市场上竞价,达到一个双方都可接受的保险价格。

世界上最早的保险业就出现在这种地中海贸易中,最早的保险公司出现在 13 世纪意大利的巴勒莫和热那亚。英国的保险业出现在 16 世纪。莎翁出生的 16 世纪中叶,英国已有了海上保险业。也许他当时还不了解保险,或者是剧情的需要,没让安东尼奥投保。当然如果投了保,后面的好戏也就没了。

安东尼奥还有另一种回避风险的形式,以股份制的形式进行合作。这种股份制合作的形式与以后的股份公司还是不同的。这时的股份合作是一次的性质。比如做一笔地中海生意需 10 万元,每股 1 万元。股份多少不同,分红不同,承担的风险也不同。这种方法把原来要一个人承担的风险分摊到若干人身上。这种风险对每一个人都是可以承受的,不用怕夏洛克要割下一磅肉。这种股份合作的形式正产生于中世纪意大利从事地中海贸易的商人中,往往是一次性的。1600 年成立的荷兰东印度公司就是这种股份合作形式。真正的股份公司是 1605 年成立的英国东印度公司,这个股份公司是用股份办公司,而不是一次性股份合作。

  从古至今,经济活动都有风险,风险管理是一个重要的问题。像安东尼奥这样把向夏洛克高利贷借的钱全用于风险经营,又不会风险管理,是很冒险的,这次有鲍西娅相救,以后就不一定每次都这么幸运了。

汽车保险是双赢的
——保险理论

在许多国家,汽车保险是一种强制保险,所有有车的人都必须买。但使汽车保险双赢的,并不在于这种强制性,而在于保险公司和投保人都是双赢的,双方都可以从中获利。这就成为双方自愿而主动的经济行为。

人们在不确定的条件下从事经济活动。风险是蒙受损失的可能性。对个人来说,风险是不可预测的、没有规律的,但根据大数定理,对社会来说,风险是可以估算的。某一种结果出现的可能性可以用概率来表示。概率是0到1之间的某个数,这个数越大,某种结果出现的可能性越大;这个数越小,某种结果出现的可能性越小。许多事情风险的概率可以根据历史资料或相关信息来估算。有风险的活动可以通过保险来分摊,减少对个人的损失。车祸是汽车行驶中可能出现的风险,会带来损失,其出现的概率是可以估算的,损失的大小也是可以估算的。汽车保险就是分摊汽车遭遇车祸的损失,以减少给具体车主带来的损失。

从现实中的情况来看,任何一个人发生车祸的概率都是很小的,但一旦遇到车辆事故损失是巨大的。车主在保险公司投保,当遇到车祸时可以得到赔偿,是有利的。对风险厌恶者个人来说,用一笔有限的保险费避免可能的损失是有利的。对保险公司来说,整个社会发生车祸及损失的概率是可以估算出来的。保险公司集中每个投保人的保费，并支付给不幸发生车祸的人，这就是保险分摊风险的作用。投保人以少量保险费换得万一有车祸时的赔偿是有利的；保险公司根据车祸的概率收取保险费，在赔偿和弥补公司运营成本之后还有利润也是有利的。这就是汽车保险的双赢。

举一个数字例子说明这一点。

假设某人是风险厌恶者。他对无风险情况下财产的评价大于有风险情况下不能确保的财产。比如说，他认为有风险情况下的10万元和无风险情况下的7万元带来相同的效用。他有一辆汽车，车祸的概率为0.1，如果无车祸，他的汽车为10万元，与有车祸时汽车为7万元是相同的。这样，他愿意支付的保险费为3万元，有车祸时他得到的赔偿为7万元，与无风险时的10万元相同。发生车祸时保险公司要为投保人支付10万元。车祸的概率为0.1，也就是说，他要为10%的投保人每人支付10万元赔偿，平均每人1万元。这就是保险公司的最低投保金。只要投保费高于1万元，它就有利可图。

投保人最高愿出3万元，保险公司接受的最低价为1万元。双方通过讨价还价的竞争，最后以2万元成交。投保人愿意出3万元，而以2万元成交，等于无风险的汽车为8万元，大于无风险的7万元。保险公司可以接受1万元投保而得到2万元，当然是有利的。在保险中各获得1万元收益，这就是双赢。

这是理想的保险模式。但在现实中信息不对称。投保人可能投了保，开车就更不认真、更快，风险的概率就会大于0.1，这是保险业中的道德风险。保险公司会认为所有投保人都如此，从而不愿以1万元接受投保，3万元以上才接受，这时开车谨慎、很少出车祸的人就不投保了，投保的都是风险概率大的人。这就是逆向选择。

这时强制性立法会使所有人投保，降低了风险概率。保险公司也可以对投保人进行调查，按个人车祸发生的概率，对不同的投保人收取不同的费用。这时保险就可以实行了。

更重要的一点是保险公司不仅经营保险业，还可以把收到的保费用于其他投资,如股市、房地产等,从这些投资中获益。所以,在现代经济中,保险业实际属于金融业,也是金融市场主要的参与者。

我们分析的是汽车保险,其实人寿保险、医疗保险、火灾保险等保险业务也都是这个道理。保险业的分摊风险使社会更稳定,人们也更愿意从事有风险的事业。这是保险业对社会的贡献。

卡内基和比尔·盖茨不给子女留遗产
——工资与劳动供给

20世纪初美国的钢铁大王卡内基不给子女留遗产,把他的财产办了大学和基金会。现在比尔·盖茨也宣布只给子女留下够教育所用的费用,其他的财产办基金会从事社会公益事业。像这样的富人在美国为数不少,如今他们留下了许多私立名牌大学,办了博物馆;建立了为社会公益服务的基金会。当年他们两手空空来到这个世界,依靠勤劳与智慧创造了天文数字的财富,临终又两手空空地离开了这个世界。

我们可以赞扬他们仁慈、无私,也可以批评他们对子女冷漠不负责。实际上他们这样做的一个重要目的,就是不想让子女成为纸醉金迷的花花公子富二代,希望子女成为像他们一样勤奋工作、努力创新,从而有益于社会的人。

要了解不留遗产与勤奋工作的关系就必须回到工资与劳动供给的关系。工资对劳动供给有双重影响。一种是收入效应,即劳动者为获得工资收入而工作,所以工资影响劳动供给,即工资增加,劳动供给增加,反之则减少。另一种是替代效应。这就是说,劳动者每天有24小时,他要把这些时间分配于两种活动:市场活动和非市场活动。市场活动就是从事各种有工资的劳动,形成市场上的劳动供给。非市场活动就是没有工资的活动,包括家务、休息、文娱活动等。我们把这种非市场活动概括为闲暇。人们把多少时间用于劳动，多少时间用于闲暇取决于工资，或者说得准确点是工资率，即每小时的实际工资。

低于某一工资率，劳动者不愿提供劳动。我们把劳动者要求的最低工资率称为保留工资率。这与政府规定的最低工资不同，完全取决于劳动者个人的愿望，或低于市场均衡工资或高于市场均衡工资。保留工资率以上收入效应和替代效应对劳动供给有不同的影响。随着工资率的上升，劳动者愿意用劳动替代闲暇，从而愿意提供更多劳动，劳动供给增加，这就是收入效应。因为这时放弃劳动赚钱的机会成本高。但随着工资率增加，收入增加；劳动者要求的闲暇也越来越多，这时劳动者又会用闲暇来替代劳动，从而劳动供给减少。

工资上升引起的收入效应与替代效应共同影响劳动供给。在一定的工资率之前，收入效应鼓励劳动者用劳动替代闲暇，从而劳动供给增加。在工资高于一定的工资率时，收入鼓励劳动者用闲暇替代劳动，从而劳动供给减少。实际上决定劳动者如何分配时间，即替代效应的，还是收入效应。

遗产和工资一样也有这种收入效应。有天上掉的馅饼，人们就不愿意劳动，用闲暇替代劳动，从而劳动供给减少。据美国的一项研究，遗产超过15万美元的人不再参加工作的人数是遗产低于2.5万美元的人的四倍。人不能闲着，不去劳动就用遗产吃喝玩乐，甚至去吸毒。杜邦家族的一些后人和喜来登大酒店创始人的孙女就是例子。这样烂掉的富二代在哪里都有。卡内基早就认识到这一点。他说："给儿子留下巨额财产的父母会使儿子的才能和热情大大丧失，而且使他的生活不如没有遗产时那样有用和有价值。"

与遗产有同样影响的是另一种天上的馅饼——彩票。彩票实际是一种赌博。彩票中获巨奖的人是极少数幸运儿，这些人会减少劳动供给。据美国的一项研究，中彩票获得5万美元以上的人中，几乎有25%的人在一年辞职，另有9%的人减少了工作时间，在中彩票获得100万美元以上的人中，几乎有40%的人不再工作，但许多人都陷入酗酒、吸毒等不良生活方式，最后贫困而亡。而且彩票促成一种不劳而获、一夜致富的风气，对社会而言是负能量。

当然国家也考虑到这个问题，随着经济发展，人民收入增加，在立法上也减少了工作时间，用闲暇替代劳动。发达国家的周工作时间由 48 小时减至 40 小时，欧洲甚至减至 35 小时，都是这种替代效应，我国实行的每周五日工作制也是经济发展、人民收入增加的替代效应。

做蛋糕与分蛋糕
——生产决定分配

做蛋糕是指生产，分蛋糕是指分配。尽管人人都知道，要先做好蛋糕才能分，但主流经济学家强调做蛋糕，而左翼经济学家，如英国新剑桥学派女经济学家琼·罗宾逊，却把分蛋糕作为头等大事。她对凯恩斯经济学的歪曲正在于认为分配是凯恩斯经济学的核心。

左翼经济学家在谈论蛋糕时往往歪曲了"做"与"分"的关系，也就歪曲了生产与分配的关系，似乎生产要讲效率，分配要公正。其实生产与分配中都有公正与效率问题。生产和分配是密切相关的，而且生产决定分配。马克思说过："分配本身就是生产的一种产物。"这就是说，不仅分配的对象只能是生产的结果，而且人们参与生产的形式决定了分配的形式。只有从生产的角度来考察分配问题，才能澄清各种貌似有理，甚至充满人文关怀的误解，也才能确定社会的最优分配方式。

任何一个社会生存与发展的基础都是物质产品的生产，而用来生产产品的资源都是稀缺的。因此，任何一个社会所面临的基本问题都是用既定的资源生产出最多的产品，即有效地配置和利用现有资源。这就是经济学中所讲的效率问题。效率是任何一个社会繁荣和稳定的基础。判断一个社会好坏的标准首先在于效率。我们考虑分配问题时也要从效率出发，有利于生产效率的提高。这正是效率优先的含义。

人类社会中曾出现过不同的分配方式。分配方式是由生产决定的。在狩猎-采集社会中，生产力极为低下，分配只能采取生存原则。无论贡献多少都平均分配，以使人类存活下来。农业社会中出现了私有制和阶级，土地为地主占有，当时土地是关键生产的要素，所以土地所有者就分得了大块蛋糕。在工业社会初期，资本成为关键的生产要素，所以资本家分得多一些。这两种分配方式都存在严重的剥削，农民和工人苦不堪言。但这也是历史进步付出的代价吧。到了现代社会，各种生产要素都对生产做出不同贡献，所以现代市场经济的分配以贡献为主。你在做蛋糕中有了多大贡献，在分蛋糕时就拿多大一块。因此，进入现代社会之后工人农民分到的蛋糕都大了，生活有了大幅度提高。

按贡献的分配既公正又有效率。从本质上说，人的本性是利己的，都为了自己的利益而工作。他们在工作中付出的辛劳得到合理的回报，他们才肯努力工作。过去那种"大锅饭"干多干少一个样、干与不干一个样的分配方式不利于效率的提高。所以才会蛋糕极少，只能共同贫穷。采用按贡献分配的方式调动了生产者的积极性，效率大大提高。我们这些年民富国强、物质丰富、人民生活大大提高，正与这种分配方式相关。

当然，我们以上讲的都是一些正确的理论，但这些理论能否成为现实，还需要一些条件。农业社会基本都是专制社会，有土地的地主往往也是统治者。他们不仅靠土地剥削农民，也依靠政权压榨农民。农民得到的收入并不公平。工业革命初期资本家是强势，工人在没有工会保护时是弱势，工人得到的收入也并不公平。在现代社会中，说起来是按贡献分配，但实际上有些贡献也很难衡量，只是按生产要素供求决定的价格分配。但市场并不是完全竞争的，企业的分配权仍在所有者手中，如果不是有政府法律和工会保护，工人也好不到哪儿去。原则说起来容易，实行起来难。美国企业领导的工资收入高于工人的数百倍，企业困难时，领导还拿高薪，工人失业，这合理吗？

此外，即使分蛋糕完全按贡献的原则，也会有一些工人由于种种原因处于极端困难的状态，社会能看着他们挨饿受冻吗？所以，政府一定要有各种收入再分配政策，缩小收入差距，保证每个人都能解决温饱问题。同时，也应该向高收入者征收累进所得税和遗产税，把他们不一定公平的收入交给社会。这才有分蛋糕的公正，才有利于整个社会的进步。

漏桶效应告诉我们什么
——收入不平等的原因

沙漠里一个地方的人们极其缺水，另一个水源丰富的绿洲决定把水送过去。但在他们送水的过程中，由于桶并不严密，加之长时间日晒，一桶水到了目的地就剩半桶了。这种漏桶引起的损失被称为"漏桶效应"。绿洲把水送到缺水的地方是一种公正之举，是纠正水资源分布不均引起的不平等，但漏桶效应引起的损失就是效率的损失。经济学家用漏桶效应来说明公平与效率的矛盾。

有的地方缺水，有的地方水源丰富是由自然环境造成的，也无法改变的。其实人的收入差别与这种情况是类似的。人的收入差别首先来源于人本身由遗传基因引起的差别，这种差别的客观存在是无法改变的。也许未来的基因改造技术可以改变这种差别。但是且不说这种技术现在还远远不成功，就是成功了，要不要使用，还有道德和立法问题。别忘了当年希特勒曾企图用这种技术造出优秀的雅利安人，至今受到全世界有识之士的严厉批判。

这种不可改变的遗传差异是人收入不平等最基本的原因。以色列历史学家尤瓦尔·赫拉利对人类历史有独到的研究，他在《人类简史》中指出："演化的基础是差异，而不是平等。每个人身上带的基因码都有些许不同，而且从出生以后就接受着不同的环境影响，发展出不同的特质，导致不同的生存效率。'生而平等'应该是'演化各有不同'。"黑格尔说得更绝对一点。人和人的差别比人和猴子还大。无论这种基因引起的差别有多大，任何人都应该承认它是客观存在的、无法改变的。例如，智商高的人可以从事需要知识与技能高的工作，体力强的人能从事艰苦的工作或从事竞技体育运动，漂亮的人更受人们欢迎，也能从事文艺演出、广告、公关之类收入更高的工作，他们的生产率更高，更受社会或企业欢迎，劳动需求多。而他们的人数又少，供给少。这些人获得高收入是正常的。他们的收入与一般人会有相当大的差距。

引起人们收入差别的因素则是每个人的生长环境不同。赫拉利也强调了这一点。应该说基因遗传是天生的、无法改变的。但同样遗传基因的人在不同的环境中成长，结果也是不同的。假如两个人都有音乐天分。一个成长在爱好音乐的家庭中，又有名师指点的人，长大成为音乐家的机会就多得多。另一个生活成长在穷乡僻壤，家里与周围无人知音乐、玩音乐，他长大后也许会成为当地一个小有名气的民歌歌手，但离收入极高的大音乐家太远了。这种生长的环境也许是由一些不合理的因素造成的，例如爱好音乐的那家人，古代的祖先是海盗，他富起来后一代代传下来，有钱有闲又有文化，而爱上了音乐。他家的富有由海盗而来是不合理的，但这种情况由历史造就，你如何去改变？既然无法改变，这种家庭给子女的环境影响也就无法改变，只能承认是合理的，正如黑格尔说的，存在的就是合理的。

在社会上每个人也有不同的机遇。这种机遇的存在是随机的。也许你一生没遇到这种机遇，也许不知不觉碰上了，没有抓住。这就叫"命不好"。有的人会遇上并抓住机遇，就叫"命好"。那个家庭有音乐氛围的孩子遇上了一个音乐大师，他发现了他的天赋，培养提携他，这就是我们说的"有贵人相助"。

而那个穷乡僻壤的孩子却没有这样的机遇。再如两个同样聪明、学习同样好的孩子参加高考。一个临场发挥特别好，考上了名牌大学，而另一个高考时临时感冒，临场发挥极差，没考上。以后前一个成了科学家，另一个成了打工者，两者的收入差别不就大了吗？机遇和是否能抓住机遇也是客观的。人也许可以改变，但总归不容易。

当然，社会也会加强或固化这种收入分配不平等的趋势。原来富有的家庭进入向上的循环，会越来越富；原来的穷的家庭进入向下的循环，会越来越穷。这种趋势当然不会一直持续下去，富家会由于出现败家子而衰落下去，穷家也会出现聪明勤奋者而改变命运。但趋势却会存在一定时期，历史上的王、谢两家都是五百多年的辉煌，富人传三代以上者也不少见。一个社会的制度无论合理不合理，短时期也难改变。对一个人来说它也是客观存在的。

当然在任何一个社会中都会有以抢劫、受贿、巧取豪夺等不正当的方式致富的人，也会由于制度的不合理性而致富。"为富不仁"还是有点儿道理的。不过从长期来看，致富还是由于遗传、成长环境、机遇这些客观原因。所以历史上收入分配不平等是客观的，我们可以在道德上谴责它，但从法律上只要不能证明富人的收入是非法的，就不能去劫富济贫。当然我们也不会坐视这种收入差别扩大而不管，但这是另一篇文章中的内容。

让缺水的地方有水
——正确的扶贫之路

尽管有漏桶效应，但也绝不应该对缺水地方的兄弟不予帮助。正如我们承认，收入差距存在主要是客观原因造成的，但也不会不努力改变这种状况。

改变缺水地方困境的最根本办法还在于提供技术，帮他们找到更丰富的水源，而不是靠用漏桶去送水。同样改变收入差距存在的最根本办法也是让穷人有致富的能力，可以依靠自己的努力，改变贫穷的现状，而不是各种对穷人的补贴。这就是给"渔"而不是给"鱼"的方法。我国的脱贫战略取得了伟大成绩，实现了全国消灭贫穷地区，主要用的就是这种方法。

不同的人收入差距来自他的能力，先天或家庭的因素起作用，但并不是唯一的因素。天才与家庭因素都通过教育而起作用。再聪明、家庭条件再好的人不受教育，这些天才与家庭都无用。对任何一个人，教育都是决定能力的基本因素。联合国的相关机构和许多慈善基金会在一些拉美国家实行一项政策：家长把孩子送去上学，就给这个家庭补贴；如不送孩子上学就没有这份补贴。这就改变了当地许多家长不送孩子上学而让他们干活的习惯。若干年后他们去调查，发现送孩子上学家庭的状况都有了不同程度的改善。他们的孩子有了文化，能做更有技术和知识含量的工作，自然就富起来了。

特别应该指出，让每一个人都受教育，并不是让每个人都上大学。当然穷人的孩子考上大学而无力上的，社会应该给予资助。人人上大学显然不现实，连最发达的国家也没做到这一点。但让每个人都学会一门技术还是可以的。这就是在普及教育的基础上，开办各种中专学校，或者办各种培训班。在现代社会，熟练工人是经济成功的基础之一，德国经济发达，重要原因之一就是他们的工人中有75%的高级技工。这些高级技工并不是来自大学，而是来自职业技术学院或中专，还有更多的来自在职培训。这些高级技工的收入在德国属于中等收入以上。我国的扶贫工作中也办了许多培训班，让广大农民学会科学种田、绿色蔬菜培育、农产品深加工、在网上进行销售的各种技术。有这些技术的农民就属于富起来的人，而且带动了更多人致富。在经济学的人力资本理论中特别重视这种培训教育，认为它的性价比是最高的，成本低而效果明显。

我们还要为穷人脱贫致富创造一个平等竞争的良好环境。平等的本意并不是收入绝对平等，而是在社会上权利的平等，即有公正地与别人竞争的平等。法律上的平等不等于现实的平等。美国歧视黑人的立法早已废除，法律明确承认，所有人无论是什么肤色、什么种族、什么出身，都有平等的权利。但现实中由于白人对黑人的成见，歧视黑人的事情时有发生。这源于根深蒂固的社会偏见习俗。我们还需要更多地创造社会平等的条件，如受教育权的平等，这就需要政府更多地投资于落后地区的教育，让那里的孩子也和城里的孩子一样受到良好的教育。政府和企业都要发展在职培训，给穷人更多的机会等。这些不能仅凭号召来实现，而要有具体措施，比如对企业办在职培训确实有效的应该以减税的方式给予支持，再比如应该在公司法中保证所有人平等就业的权力，对公司的歧视性招工进行惩罚。

正如我们一开始就指出的，不能因为收入差距有其客观合理性就任其存在，加剧下去。一个贫富差距大的社会不是好社会，富人的生活也不会幸福。所以，帮助更多的人脱贫致富，实现社会更大的平等是每个人的社会责任，尤其是已富起来的人的责任。可以办基金会，也可以用各种方式实现社会平等。我们脱贫的完成是实现社会公正路上的一大步，但以后要走的路还长，也更为艰难。

把漏桶补好

——完善社会保障与福利制度

运水中有漏桶效应的原因还在于桶漏，解决漏桶效应的方法还在于把漏洞补好。这就是说，对穷人社会保障和社会福利中之所以会降低效率，还在于这种制度本身存在缺陷。

应该说把水运到缺水的地方帮助那里的人还是必要的。同样，用社会保障和社会福利帮助穷人对缩小收入差距，改善穷人的状况，稳定社会还是必要的。我们不是不运水，也不是不帮助穷人，只是桶有漏洞要补好，社会保障和社会福利政策有缺点要纠正。

社会保障和社会福利政策的缺点之一是加强了穷人的依赖心理，也压抑他们靠自己努力改变贫穷的努力。在美国，失业津贴是一项重要的社会保障制度，它可以解决失业者的暂时困难。但一项社会实验表明，这项政策使工人失业时间延长。他们把参与实验的工人分为两组。他们向一组人承诺，如果在一周内找到工作，给予500美元奖励。对另一组人则没有这种承诺。结果有承诺一组的人在一周内都找到了工作，而另一组没有承诺的人在失业补贴结束时才找到工作。这说明并不是找不到工作，而是有相当高的失业补贴就不必着急找工作。这不就抑制了他们找工作的努力，降低了社会效率吗？所以以后美国政府通过立法缩短了失业补贴的享受时间。同样，许多经济学家指出，对单亲有子女家庭的补贴鼓励了更多妇女未婚先孕，也鼓励了离婚后丈夫不负责任。每一项社会保障和福利制度都有不同的缺点，正如桶上漏水的地方。

社会保障与社会福利不可少，又如何让它减少负作用呢？我们先来看看人们贫穷的原因。贫穷的原因有个人的也有社会的。大体来说有这样几类。第一，本人身体或智力的缺陷。无论是先天的还是后天的，这些人丧失部分或全部劳动能力故而贫穷。第二，家庭或个人受到无法避免的意外打击，发生自己无法应对的变故。如患上严重的疾病、自然灾害或家庭重大变故。第三，所受教育太少，缺乏社会所需要的技能，难以在社会上找到一份足以维持生活的工作。在科技进步迅猛的今天，这种原因造成的贫穷特别突出。第四，社会经济变动引起的产业结构调整，使一些产业衰落。而这些部门的人或者年老，或者文化低，不适应在新兴部门工作，从而失业贫穷。在科技进步和全球化的今天，这种贫穷也特别重要。第五，由于社会观念或懒惰，不愿意从事自己认为"丢面子"或"不好"的工作。例如一些城市的穷人宁愿领失业或贫困津贴，也不愿去从事建筑、环保或餐饮服务这类工作。第六，由于年龄大，已无法从事其他工作，且没有子女来帮助他们的老人。

这些人都穷，但该帮助谁？该如何帮助？这就取决于社会保障与社会福利制度。完善这个制度就是把漏桶修好。各国都应该根据自己国家的实力与历史、传统、国情等来建立并不断完善自己的社会保障和社会福利政策。但我认为，有四个原则是重要的。第一，贯彻"不劳者不得食"的原则。当然这里的"不劳"不是指失去劳动能力的人，如残病人、老人等的"不劳"，而是指有能力而不老的人的"不劳"，因为让这些人靠补贴过上好日子，甚至出国旅游，是一种极大的社会不公，也会引起其他人的效仿，使社会形成一种"懒人幸福"的观念。第二，救急不救穷。这就是对有病的人要给他们治病，但病好后不能让他长期靠补贴过生。第三，广覆盖、低标准，即让所有人的基本生活得到保障，但不能让每个人都靠补贴过好日子。第四，社会保障制度要能鼓励人们去努力靠自己脱贫，同时也要通过职业介绍、在职培训让他们有脱贫的能力。

　　修漏桶是一件相当艰难而细致的工作，而且要不断地修。社会保障和社会福利政策的建立、修改、完善也是如此。

全民福利行不通
——福利国家的困境

资本主义发展过程中出现严重的贫富对立，引发激烈的社会冲突。早期的解决方法是教会、慈善组织和政府的济贫行动。20世纪30年代大危机中，北欧国家出现了社会保障与社会福利政策。"二战"后英国贝弗里爵士提出实现普遍社会保障与福利的"贝弗里计划"。战后欧洲各国都在实施"从摇篮到坟墓"的福利政策。

这些国家的社会保障与福利制度包括的内容甚广。以较早实现福利国家的瑞典为例，包括以下几种制度。第一，养老金制度。从1960年起不仅对全体老人发放基本养老金，而且还对退休老人实行补充退休金制度。第二，全民医疗保险制度，由各级政府承担医疗服务的责任。第三，建造住房并实行津贴制度。第四，全民的失业保险制度，对病休职工的现金补贴提高到原有工资的90%。第五，通过对部分企业的国有化和补贴提高就业水平。第六，其他福利补贴。例如向大学生提供奖学金和贷款，对贫困家庭的补贴，对有未成年子女家庭的补贴，等等。其他国家的福利计划也与此大同小异。

这种福利国家计划的确大大促进了平等，消灭了贫穷，使绝大多数人进入中等阶层，每个人都分享到经济进步的好处，社会安定。这种多年来人们期盼的社会平等被称为欧洲社会主义，或更具体一点北欧社会主义。

但这种平等的代价是巨大的。首先是沉重的财政负担，这些福利支出全由政府财政承担，数额巨大，且在不断增加。以瑞典为例，福利支出在 GDP 中的比例在 20 世纪 80 年代已达到三分之二以上。北欧各国的福利支出都在 GDP 的一半以上。而且由于人口老龄化和医疗费用提高，这一支出令政府头痛不已。福利的一个特点是"不可逆性"，即只能增加，不能减少。在民主制度下，每一届政府为了连选连任并维护社会安定，任何一次福利制度改革都不敢削减福利支出。记得有一年一位当时的瑞典财政部副部长说到福利制度时甚为痛苦，他一再告诫我们中国以后不能走这一条路。

有了平等的实现当然就有效率的损失，这两者是一种交替关系。政府支出增加只有多征税，征重税。瑞典也是闻名于世的税收国家。税收之多、税收之重在西方国家也名列前茅。仅中央和地方政府的所得税 20 世纪 80 年代就占一般职工收入的 60%，丹麦等北欧国家的税收也占到 50% 以上。

巨大的福利支出和沉重的税收降低了生产率。20 世纪 80 年代在瑞典年收入 20 万克朗者平均税率达 60% 以上，边际税率高达 85%。这么重的税，谁还想多工作呢？尤其是对高收入者，他们的赋税更重。高收入者也是高能力者，他们是经济发展中的精英。他们不愿工作就是整体经济效率的下降。同时许多精英由于受不了高税收而移民国外，形成人才外流。记得一位瑞典名演员移民美国后对记者说，我不是不爱我的祖国瑞典，但我恨瑞典的税。另一方面，普通劳动者则充分享受高福利，从而滋长了一种偷懒的风气。病假的补贴达工资的 90%，人们当然会"泡病号"。不少北欧人拿着病假津贴到国外旅游。精英和一般民众都不努力，经济能好吗？过去瑞典的机械工业十分著名，如今不进则退，连世界上著名的沃尔沃汽车企业都卖给了中国吉利。这不能不说是一种悲哀。

美国社会学家吉尔德指出："失业补贴促进失业人数增加。对有子女家庭的补贴使更多的家庭有子女抚养，使更多的家庭没有父亲。多种形式的残疾保障也会鼓励小毛病变成暂时残疾，使部分残疾变成全部和永久残疾。支付社会保障会阻碍子女去照顾老人，从而使代与代之间亲情关系消灭。"这些话对福利国家是一针见血的。

　　每个国家都要处理平等与效率的关系,瑞典的经历给了我们一个教训。我们要提高全体人民的福利水平,但我们人口众多、资源有限的国情也不允许我们走北欧福利国家之路。

明星现象

——高收入的市场决定

无论在国外还是国内，文艺和体育明星的收入都是天文数字。美国的影视明星年收入高达几千万美元并不鲜见。在国内，他们的收入几百万、上千万元也算正常。人们对明星有一种矛盾的心态。一方面，看着他们的收入和奢侈生活颇为不平衡、不服气。另一方面，又不惜花高价去买一张他们演出的门票。这些人大概没想过，不是他们愿意花高价看明星们的演出，明星们能有这样的高收入吗？

明星们的这种高收入合理不合理，或者说公平不公平呢？判断收入是否合理公平，不能根据收入的多少，也不能根据什么道德标准，而应该根据法律与经济规律。从法律上说，只要他们的收入不是非法获得的，就合理就公平。也许你会认为，他们非法与否我们并不知道，那么我就告诉你，根据现代立法的"无罪推论"原则，如果你没有证据证明他们的收入是非法的，你就必须承认他们的收入是合法的。

在经济上明星的收入是否合理公平，就要看他们的贡献。在市场经济中既不是传统社会中的按权分配，也不是乌托邦社会的按劳分配，而是按贡献分配。按权分配，权力并不等于贡献，有些当权者对经济毫无贡献，甚至起负作用。按劳分配的理想是好的，但"劳"是难以衡量的，同样劳动一小时，一个熟练工人、一个医生、一个工程师的贡献是多少，你讲得清吗？能用具体的单位来衡量并表示吗？无法衡量如何付酬？所以市场经济中是按各种生产要素的贡献来分配。每种生产要素的生产者按对经济做出的贡献获得报酬，无论多少，都是合理的、公平的。这种贡献用他提供的产品和劳务的价格来衡量。这种价格又由各种要素的需求与供给来决定。

我们用这种理论来看明星的高收入是否合理公正。

先来看需求。对明星的需求是极大的。公众希望看到高水平的文艺表演，并愿意为此而付出高价。现代科技又提供了更广泛的观众。可以通过电视、电影、网络等现代方式让更多的人欣赏他们的表演，也可做成光盘在全世界销售。这些间接的享受也都是要收费的。对企业来说，需要这些明星来做广告，宣传推销他们的产品。明星在社会上有极高的知名度，他们也有大批的粉丝。他们在社会上的影响远远大于其他人。由他们做广告效果极好，企业也愿意出高价请他们做广告。政府也需要他们宣传社会的主旋律，给民众以正能量。当然，明星们为政府服务时也许不收费，但参与这种活动，会使他们在社会上身价更高，收费更多。每年的春节晚会并不向演员付高报酬，但哪个演员不愿参加？一旦参加过春晚就鲤鱼跳龙门，身价百倍，其后收入更高。

再来看供给。成为文艺或体育明星需要有特殊天才。在人之中具有这样天才的人是极少的。天才仅仅是基础，要成为明星还要经过培养与教育，这种培养与教育的过程是极为艰难的。演员常说，台上一分钟，台下十年功。而你看看那些明星运动员，哪个不是伤痕累累？他们所付出的辛勤与汗水是我们一般人所不了解的。培养与教育结束，走上运动场和舞台再到成为明星又是一个极为漫长、艰苦的过程。在这个过程中有不少人由于各种原因被淘汰，所剩下并成为明星的只是极少数。这极少数明星要满足那么大的需求，价格能不高吗？他们的收入能少吗？

需求极大而供给极少就决定了他们对社会的贡献大，从而价格高，他们的收入也极高。所以，他们的高收入是合理的，也是公平的。不服气，你也去试试。

这种高收入也是有效率的。作为一种激励机制，高收入鼓励体育明星们勤奋训练再创佳绩，在奥运会上为国多拿几块金牌。高收入也鼓励文艺明星们不断提高自己的演出技巧，为社会提供更丰富的精神文化，也能在国际上为国争光，这不都是天大的好事吗？

学历改变命运
——名牌大学学生收入高

一年一度的高考"黑六月",学生累,家长忙,个个疲惫不堪,都是为了考一个好大学。在所有人看来,上一个好大学就有辉煌的前途、丰厚的收入、如花似锦的人生。大家常说的知识改变命运在这里变为学历改变命运。因为知识不一定要在大学里学,但学历一定要上大学才能获得。

所谓改变命运其实就是从一个穷小子变为富王子,起码也变成一个小资中产吧。学历真有如此神奇的作用吗?还真有。

美国的调查说明:1974年,一个有大学学位的男性平均收入比没有大学学位的男性高42%;到2014年,这个数字上升到81%。对女性来说,有大学学位的收入比没有大学学位的收入,1974年高出35%,2014年高出71%。这里还没有包括大学以上有硕士、博士学位的人。

那么上一般大学与名牌大学的收入有差别吗?美国普林斯顿大学教授艾伦·克鲁格尔和梅隆基金会的斯塔西·戴尔就这一问题进行了调查。他们调查了不同大学1976年入学的学生在1995年的收入。结果是进入耶鲁大学、斯沃斯莫尔学院、宾夕法尼亚大学这些名校的毕业生平均年收入9.2万美元,进入宾州州立大学、丹尼逊大学、图伦大学这类一般大学的毕业生平均年收入为2.2万美元,收入差距在4倍以上。看来学生和家长玩儿命地想上好大学、改变命运的想法也不错。

对这些现象最标准的解释是人力资本理论。这就是说,上大学是一种人力资本投资,这种投资增加了受教育者的知识水平与工作能力,使之能从事更复杂的工作,从而在生产中贡献更大,当然收入也最高。经济学家还计算了这种人力资本投资提高的生产率以及收益率。

在当前又有了两个补充。一个是高科技的发展改变了对高技术工作人员和一般工作人员的需求。比如电脑的广泛使用,使过去许多一般工作人员可以从事的工作被电脑替代。例如用数据库储存各种商业记录。过去从事商业记录收集、整理、保存的各种工作人员都被电脑代替了。所需要的就是电脑的程序设计人员,而这种工作必须受过大学以上的教育的人才能担当。将来用3D打印机代替制造工人,而设计制造这种打印机的人也要受过高等教育。从历史来看,随着技术进步用更有专业知识的人代替一般工人是一种趋势。如今的高科技迅速发展使这种趋势加快了。

另一个是全球一体化。从美国来看,进口占GDP的比重从1974年的8%增加到2014年的17%,出口占GDP的比重从1974年的8%增加到2014年的14%。在美国的进口中传统制造业的产品较多,而在出口中高科技的产品多。这样在美国国内对一般工作人员的需求减少了,而对学历高的专业人才需求增加了。在所有国家进入全球一体化的过程中,对熟悉外国情况掌握外语和专业的人才需求激增,大学正是学习这些知识最好的地方。即使大学学的专业毕业后不一定用得上,大学教育给你提供的基础知识提高了你的学习能力,再学什么专业也容易。

除了人力理论的解释外还有一种观点是,教育向招聘企业发出了有大学学位的应聘者能力更强的信号。也许招聘企业并不了解应聘者的能力,但他们知道,能考上大学,尤其是考上好的大学,并通过学习合格毕业的人一定有能力。任何考试都是一种智商和能力的测试,能通过大学各门课考试也说明了他的综合素质。因此,在对应聘者的真实情况毫不了解的情况下,根据上的大学的好坏来判断这些应聘者是一种简单易行的好方法,这样上过大学,尤其上过好大学的人被高薪企业招走的概率更大,以后收入也高。

　　我们不是"唯学历论",但在现实中学历还是重要的。当然,条条大道通罗马,没有上大学的人也可以通过自学和奋斗改变命运。这就是另一个问题了。

靓男俊女收入高
——漂亮贴水

漂亮能赚钱吗？

美国劳动经济学家丹尼尔·哈莫米斯与杰文·比德尔在1994年第12期《美国经济评论》上发表了一份调查报告。他们考察了对美国和加拿大个人进行调查的数据。这次调查要求进行调查的访问者评价每个被访者的漂亮程度，然后他们考察被访者的工资在多大程度上取决于标准的决定因素——教育、工作经验等——以及在多大程度上取决于他们的漂亮。

他们发现，漂亮值钱。那些被认为更有魅力的人的收入比相貌平常的人平均收入高5%，那些相貌平常的人的收入比那些认为不太有魅力的人高5%—10%。对男人和女人的调查都得出了类似的结论。看来漂亮的确能赚钱。人们也把这种漂亮赚钱称为"漂亮贴水"或"漂亮津贴"。

首先应该指出，漂亮不仅包括外貌和身材，还包括人的气质和教养。一个漂亮的女孩开口就是脏话，像母老虎一样凶，没人会认为她漂亮。一个长相平常的女孩，化妆适度，衣着得体，举止行为落落大方，会被归入漂亮一类。各种选美大赛都是外貌、身材和气质的综合。这份调查中对漂亮的评分正是根据这个标准做出来的。外貌与身材是天生的，大概取决于遗传基因，后天无法改变，但气质和修养来自家庭生活环境和接受教育的程度，是可以改变的。

这样，漂亮就是一个人综合素质的体现。从漂亮中不仅可以看出她的个性、家庭背景还可以看出她的教育和文化水平。这些都会影响一个人的生产率，从而影响她的收入。这种漂亮在从事经济活动中是大有用处的。一个演员漂亮，她主演的电影更受观众欢迎，从而票房价值高。一个体操运动员漂亮，裁判的主观印象分也会高，也许只高 0.01 分，但这就有了金、银牌之分。即使对一般职业，漂亮也是重要的。漂亮的记者更容易采访到想采访的人。一个漂亮的销售人员更容易为客户所接受，有了把产品推销出去的机会。一个漂亮的托儿所阿姨会更被孩子接受。甚至一个漂亮的教师，课堂气氛也更活跃。我在康奈尔大学进修时，讲期货市场课的老师是一个拉美裔人。尽管已快 40 岁，但身材、气质极佳，每次上课的化妆、衣着十分得体。学生甚爱听她的课，课堂气氛十分活跃，学生给的评分也甚高。在美国听过几门课，其实都相当精彩。但这门期货市场课最活跃，同学又最欢迎。这不就是漂亮的生产力吗？不就是漂亮带来的效率吗？

当然，也不要把漂亮理解偏了。在有些情况下，丑也是一种美。电影中不少并不漂亮的演员，但看他们的电影也是一种享受。陈宝国、陈道明英俊潇洒，他们的演出我喜欢。倪大红比他们长得差点儿，但演出同样吸引人。我把他们视为同一等级的演员，他们演出的影片我都爱看。所以我们这些长相极为一般，甚至算丑的人也不要自暴自弃。爹妈给的没法改变，就注重自己的着装打扮和修养举止吧。你很丑，但你温柔，别人也会接受，你也会成功。

不要理解偏了的意思是，不要为漂亮而去整容或过度化妆。整容本来是为残疾者和受过伤的人服务，但现在日益成为越来越多的人改变自己容貌的手段。我特别同情那些付出极大代价与痛苦去整容、隆胸、增高的人，这不就是中国过去的妇女缠足吗？难道还自愿去吃这二遍苦，受二茬罪吗？更不用说，整容中出现的种种事故，变美为丑的。其实人有自己的长相，只要你有文化修养，就都有吸引人之处。

我在最后写这些,是怕有人看了漂亮赚钱的文章,而且有理有据就去整容。如果父母反对你整容,你拿出这篇文章驳斥他们,我不就成了帮凶了吗?我没有这个意思,也不愿蒙冤。只希望你锻炼身体有一个好身材,努力学习提高自己的文化修养。时代为我们每一个人提供了机会,无论是美的、丑的,还是一般的。

身高与收入
——身高也有贴水

姚明比我高得多，收入也比我高得多，但我甚为服气。这不是阿Q式的自我安慰，而是看到经济学家发现的一个规律：身高与收入相关。他们根据对英国男性和女性的抽样调查发现，平均而言，身高每差10厘米，收入相差也为10%。

身高收入高是不是一种社会歧视？

普林斯顿大学的两名学者凯斯和帕克森的一项研究表明，身高差别引起收入差别的主要原因不在于社会歧视，而在于身材高的人平均而言，的确比身材矮的人更聪明、更能干。他们更聪明，身体也更健康。决定人身高的主要是遗传因素和后天的营养条件。营养条件对身高、健康和认知能力的影响主要在自出生到3岁这一时期。这个时期孩子发育成长极快，需要大量的营养摄入。孩子这一阶段所吸收的营养对他们的智力和身高极为重要。据1993年诺贝尔经济学奖获得者之一美国经济学家福格尔对营养与身高之间关系的研究，从1775年到1975年的二百年，英国男人平均身高增加了9.65厘米。从1962年到1995年，韩国男人的平均身高增加了5.08厘米。其实不用统计数字我们也可以看到，随着营养条件的改善，我们的儿辈、孙辈一代比一代高了。遗传基因改变不大，还是营养条件好多了。

身高如何影响能力与收入呢？凯斯和帕克森根据两项研究得出身高者收入高的结论。一项是英国对1958年和1970年出生的孩子进行的跟踪调查，直至他们进入成年。一项是美国对身高和职业选择之间关系的调查。这些研究都表明，在整个儿童期，营养好的孩子，个子长得高。认知测试中成绩明显好得多。进入成年期后，个子高的人能选择报酬更高的职业。个子高的男女不仅可以从事竞技体育、模特、演员这类报酬相当高的职业，而且可以从事其他要求更高智商的职业，这些就业通常有高收入。个子矮的人爱用"浓缩的是精华"来安慰自己，实际上这句话只适用于拿破仑、鲁迅、毕加索、伏尔泰这些特例，并不是普遍适用的。

经济学家为什么对身高、漂亮对收入的影响这么有兴趣？他们想说明一点，现代社会的收入差别并不是由肤色、性别、身高、相貌这些歧视造成的，还在于在经济中所做贡献的差别。黑人的平均收入的确低于白人，但主要原因并不在于他们的肤色，而是他们的受教育状况。他们的受教育状况是历史造成的，但随着现代更多的黑人受到更多的教育，他们的状况也有了很大改变。女性的收入低于男性还在于生理原因形成的社会分工。女经济学家奥尼尔就说过，女人的天性是母亲，她们担任抚养下一代的工作，同样为 GDP 做出了贡献，但这是无酬工作，收入就少了。不少女性不结婚，不要孩子，收入不也和男性一样吗？至于身高和漂亮，正和我们分析的，的确与能力相关。在现代社会中，法律上已保证了人人平等，也还有其他反歧视的立法。人们的意识中还有一点儿歧视的存留是正常的，但对收入的影响并不大。美国人选奥巴马当总统就是对歧视论的有力回击。扩大歧视的影响，既不符合事实，也不利于社会安定团结。

当然还要为我这样的"三寸地皮丁"说几句话。身高也好，相貌也好，都只是影响收入的一个因素，但并不是一个决定因素。人对经济的贡献由许多因素决定，身高与漂亮并不是至关重要的，对人而言，遗传基因决定的身材、漂亮和智商的确重要，但后天的努力才是关键。我不是姚明，不能打球；不是布鲁斯南，不能演电影；不是爱因斯坦，不会有科学上的突破。但我努力了，也可以给社会做一点儿贡献,给自己一份中产的生活。丑陋的矮哥儿们、姐儿们,千万不要看了我的文章万念俱灰。人家姚明、布鲁斯南、爱因斯坦成功也不是光靠身高、漂亮和智商,他们付出的努力比我们大得多。

社会没有歧视,歧视的还是我们自己自暴自弃的人生态度。

仇富心态是种社会病

——仇富无益于共同富裕

有一次在山西讲晋商，当我讲到晋商成功后如何勤俭持家，关心社会公益的情况时，当时的省委书记插话说，看看咱们祖上的商人，再看看现在的煤老板！我在外面一听人家说山西煤老板就脸红。

的确有些煤老板靠官商勾结，黑白通吃，用不正当手段致富。致富后穷奢极欲，耀富张扬，为霸一方，腐蚀干部。山西省不少干部的倒下，与他们忘记了自己的共产党身份相关，也与煤老板的金钱美女攻势相关。全国人民对这些煤老板深恶痛绝，以致煤老板成为让省委书记都脸红的人也就不难理解了。

但也不能一竿子打倒所有富人。这些靠不正当手段致富而又为富不仁的煤老板也是少数，无非舆论使他们的恶行夸张，全国人民都喊打而已。我有不少学生是山西、内蒙古的煤老板，他们的致富无可厚非，他们致富后的作为与当年晋商也可比美，有些还是全国或地方人大代表或政协委员。

他们是先富起来的一部分人，也是现在大富的一些人，他们与一般人的收入差距是不少人仇富的根源。但哪个社会能所有人共同地致富？我们应该承认由于遗传基因等原因而造成的个体之间的差异是永远存在的。这些先富起来的人的确有超人之处。他们相当敏感，迅速抓住了改革开放的大好时机。在刚刚开放时，物质相当短缺，而且法制也不健全。有些人的确是利用了法律的漏洞，但法律有漏洞被他们利用，这也无可厚非吧。比如发达国家对资源都征收从价税，即按价格的比例征税，但我国当时仅仅征收从量税，且税收并不高。煤炭疯狂涨价时，税收不变，他们不就发大财了吗？这能怪那些利用这种税收漏洞的人吗？钻法律漏洞不是他们的错，错的是立法的不完善。

当然利用法律漏洞只是他们致富的一个小原因，更重要的是他们的辛勤与智慧。茶余饭后我的那些企业家学生常回忆起当年创业的情景，每天工作十几个小时是常事，他们吃的苦往往是常人难以想象的，每当说到这里他们就不自觉地流出了眼泪。光勤奋还不足以这样富，这就要靠他们的智慧。他们当时并没有学过什么经济学，但他们的悟性和经验使他们能及时抓住市场上一闪而过的机会，也使他们创造出自己的产品，在竞争的市场上站住脚。有一位温州做鞋的朋友，当温州假鞋遍天下时，他就意识到造假鞋长不了，他知道别人对温州人的鞋印象不好，就把生产地名改为永嘉，有几个人知道永嘉实际属于温州呢？早在20世纪90年代许多人还不知道互联网时，他们已向外国学经验了。他们脑子里有许多好想法，并把这些想法变成现实。不少人只看到人家富，没看到人家付出的汗水和智慧，这不是"只看狼吃肉，不见狼挨揍"吗？

而且他们的致富也带动了共同富裕。私人企业生产的GDP已占到全国的60%，他们提供的就业机会已占到70%以上。更不用说他们上缴的税收。我国经济繁荣的军功章中至少也有他们的一半。如今我们哪个人的生活能离开民营企业，能离开这些富人？我们用的日用品许多是民企生产的，我们去的饭店也都是民企；甚至为我们送快递的小哥月收入达万元也是靠先富起来的人经营的快递公司。只看他们富，不看他们对国家和人民的贡献，是极不公正的。

当然，共同致富并不是说我们要达到了他们的富裕程度。过去他们开面包车，我们骑自行车；如今他们开奔驰，我们开吉利。收入差别是有的，甚至更大了，但我们收入没增加能开吉利吗？任何一个社会中都不可能人人同样富。在收入的相对差距拉大时，大家的收入都增加了。允许那些对经济贡献大的人大富有什么不好？何况他们富了，还办了许多公益事业，如参加扶贫工作，这不就是富者为仁吗？

  看着富人羡慕嫉妒恨，自己是富不起来的。一个社会的正常心态不是仇富，而是靠自己努力致富。也许达不到他们的富有程度，但小康、中产还是可以的。

水浒好汉不能让社会共同富裕
——劫富济贫是邪路

在中外历史上,"劫富济贫"都是一个甚得人心的口号。拦路抢劫的梁山好汉、鼠窃狗偷的燕子李三、杀人劫财的罗宾汉都被认为是英雄。他们劫富济贫的行为改变了穷人的命运吗?

中国历史上的农民起义都是以劫富济贫为口号的。但这些起义带来的社会动乱不仅杀人无数,还使社会生产力倒退,杀了富人,抢了富人的财富不仅没有帮助穷人,而且使他们饱受生灵涂炭,本来不好的日子更难过了。这些起义成功了,建立了新王朝,新的统治者过上了比过去富人豪华不知多少倍的帝王生活,但广大人民的生活却依然如故。有一点让步政策、有一点民生改善,也是暂时的,最终还是人民流离失所。付出了极大代价动乱的劫富济贫,并没有使穷人富起来。水浒的英雄们即使成功了,富起来的也只是一百零八将,其他参与造反的喽啰,恐怕依然如故,甚至今不如昔了。

说到根本上,共同致富靠的是社会物质财富的增长。劫富济贫仅仅是暂时改变现有财富的分配,而不能增加财富。社会稳定是社会财富增加的前提,种种劫富济贫破坏了社会安宁,哪有财富总量的增加?

财富的增长靠资源、劳动与技术。劫富济贫是破坏了这些因素,并使财富减少,从来没有一个国家把劫富济贫作为物质财富增加,即经济增长之路。特别要指出的是,在一个社会中,自然资源在一定时期内是既定的，增加财富主要还靠投资、劳动与技术。投资来自储蓄，但高储蓄并不等于高投资，还需要有鼓励把储蓄转变为投资的机制。中国传统社会中，储蓄率并不低，但缺乏这种机制，有了钱就买地、买房、置三妻四妾，对财富的增加没什么作用。而且，有了这种机制，投资还是靠富人。劫富济贫，抢了富人的财产，但并没有变为投资，只是成为好汉们"大碗喝酒、大块吃肉"的浪费性消费，对财富的增加有什么益呢？

劳动包括劳动力的数量与质量，尤其劳动者的勤奋程度。劫富济贫或者杀人减少了劳动力，或者把人拉去作战，大大减少了劳动力。当年张献忠在四川杀人如麻，偌大一个四川省剩下不到50万人，这如何增长财富？劳动的质量来自人的智慧和文化。劫富济贫的口号把这些既有智慧又有文化的人（也只有这种人才能在劫富济贫中成为英雄，梁山好汉哪个不是两者兼备？）吸引去劫富济贫了，对增加财富有什么贡献？

中国人是勤奋的，但为什么中国始终处于贫困状态？这还在于缺乏技术。尽管中国历史上我们有许多技术创新，但可惜没有用在真正的经济增长上。罗盘用来测风水，而没有用于开拓财富的海上探险；火药用于做爆竹，而没有用于移山倒海建工程；纸张印刷术对文化传承的作用极大，但多用于印制四书五经、佛经这样对财富增加作用不大的地方，而没有去传递科学技术知识。这在根本上还在于专制制度，劫富济贫改变了这种制度吗？不成功的劫富济贫只是使统治者心存恐惧，加强了这种制度。成功的劫富济贫只是用一个王朝代替了另一个王朝，延续了或加强了这种制度。自己靠劫富济贫当了权就要防止别人模仿，防止的办法就是加强专制。

从根本上说，劫富济贫并没有增加财富，甚至还减少了财富。那么，它实现了既有财富的平等分配吗？这些好汉在实施劫富济贫的过程中，会把抢来的一些财富施舍给穷人，但这对改变穷人的根本状态又有多大帮助呢？杯水车薪而已。好汉们的劫富济贫并不打算也没有改变已有的分配制度与方式。他们改变的只是谁是富人，谁是穷人。无非是他们成了富人,其他大多数人依然如故。

　　劫富济贫既不能增加财富,也没有改变造成贫富差距的分配制度,共同富裕从何而来?历史上的这类口号看似正义,其实不然。

当列车驶过农田时
——外部性与市场失灵

20世纪初的一天，列车在绿草如茵的英格兰大地上飞驶。坐在车上的英国经济学家庇古边欣赏风光，边对同伴说，机车喷出的火花（当时是蒸汽机车）飞到麦穗上，给农民造成了损失，但铁路公司不用向农民赔偿，这就是市场经济的无能之处，称为"市场失灵"。

七十年后，1971年美国经济学家乔治·斯蒂格勒和阿尔钦同游日本。他们在高速列车（这时已是电气机）上想起庇古当年的感慨就问列车员，铁路附近的农田是否受到列车的损害而减产。列车员说，恰恰相反，飞速驶过的列车把吃稻谷的飞鸟吓走了，农民还受益呢。当然，铁路公司也不能向农民收"赶鸟费"。这同样也是市场无能为力的"市场失灵"。

同一件事情在不同的时代与地点结果不同，两代经济学家的感慨也不同。但从经济学的角度看，列车驶过农田无论结果如何，都产生了外部性。这种外部性的存在引起市场失灵。

外部性又称外部效应，指某种经济活动给无关的第三方产生的影响。这就是说，这种活动的某些成本并不由从事这项活动的当事人（买卖双方）承担，而由与这项活动无关的第三方承担。这种成本被称为这项经济活动的外在成本或社会成本。如列车驶过给农民带来的损失。同样，这种活动的某些收益也不由从事这项活动的当事人获得，而由与这些活动无关的第三方获得。这种收益被称为外在收益或社会收益。如列车驶过给农民带来的产量增加。前一种情况称为负外部性,后一种情况称为正外部性。庇古看到的情况是负外部性。类似的情况还有化工厂或造纸厂对河流和空气的污染。吸烟者对环境和非吸烟者的危害。斯蒂格勒和阿尔钦看到的情况是正外部性。类似的情况还有养蜂人到果园放蜂采蜜,同时免费为果园实现了授粉。教育提高了受教育者的文化水平和道德修养,整个社会都受益。这也是正外部性。

根据经济学原理,生产者为了利润最大化进行生产是供给者。消费者为了效用最大化进行消费是需求者。当价格调节使供求相等时,生产者实现了利润最大化,消费者实现了效用最大化。整个社会实现了经济福祉最大化,资源得到最优配置。

但当存在外部性时,情况就不同了。当某项活动供求双方都实现最大化时,却给这项经济活动无关的第三方带来了成本或收益。这时供求相等时价格调节形成的资源配置对参与这项活动的供求双方是最优的,但对社会就不一定了。这时供求双方的利益最大化,也不是社会福祉的最大化。

我们把供求双方的成本称为私人成本,把供求双方的收益称为私人收益,把包括第三方在内的成本称为社会成本,把包括第三方在内的收益称为社会收益。当不存在外部性时,私人成本等于社会成本,私人收益等于社会收益,价格可以调节经济实现资源配置最优。当存在外部性时,价格调节实现的个人资源配置最优并不是社会的资源配置最优。这就是说,在没有外部性的情况下,价格可以有效地调节经济,但在有外部性的情况下,价格不能有效地调节经济配置资源。这就被称为市场失灵。引起市场失灵的还有其他原因,如市场有效的前提之一是理性人假设,但现实中人并非完全理性,只有有限理性或者说非理性。再如,市场有效以市场上信息对称为前提,但信息经济学说明,市场上供求双方信息是不对称的。还有20世纪30年代就认识到的,市场有效只有在完全竞争市场上才能实现,但完全竞争也是一个假设,现实中的市场存在着不同程度的垄断。但外部性的存在总是市场失灵的重要原因之一。

经济学家对市场失灵的原因有不同的偏重，也对市场失灵提出了不同的解决方法，这些方法大体上可分为两类：市场失灵求助于国家干预，以及市场靠本身的力量来消除市场失灵。我们在其他文章中会涉及这些问题。

排污权交易的双赢
——市场减排的作用

1992年，设在美国加州多伦斯的美孚炼油厂从加州南门以300万美元购买了每天可排放900磅有毒瓦斯的权利。美孚排污的行为合法化了。但加州环保部门批准了这次交易，环保主义者也没有抗议反对。经济学家还把这次交易称为治理污染的一个进步。为什么这种排污权的交易受到各方欢迎呢？

有些企业的生产会给环境带来污染。这称为负外部性，会带来社会成本，而且有时这种社会成本还会大于企业付出的私人成本。社会经济要发展，这些污染企业的产品也是必不可少的。世界上不可能完全消灭污染。所以各国所追求的污染控制就是把污染限制在一个对人类社会危害不大的水平上。在治理污染时也要讲究经济效率，即以最小的成本达到要实现的污染指标。

治理污染有两类方法。一类是由政府进行直接干预，即用国家"有形的手"来消除这类市场失灵，约束市场"无形的手"调节带来的不利结果。其中一个是政府对这类污染征收税收。这种税收的设想最早由英国经济学家庇古提出，因此称为"庇古税"。这种税收一方面增加了生产有污染产品企业的私人成本，减少了社会需求和产量，也减少了污染。同时也可以鼓励企业采用减少污染的技术。另一方面可以增加政府税收，政府可以用这种税收去治理污染。另一种是管制，即对企业排放的污染量实行强制管制，规定最高排放量，超过规定给予重罚，迫使企业自己减少污染。这些对治理污染都起到了积极作用，但企业和政府都付出了相当高的代价。有没有一种办法既能获得同样的治污成果，又能减少企业与政府的负担，实现高效率减排呢？

另一类方法就是排污权交易的方法。采用这种方法时，可以由政府把污染指标免费分给各个污染的企业，或者卖给它们，允许企业之间进行交易。这样做的好处是提高了排污的效率。

假设有一个钢铁厂和一个造纸厂排出同样有害的物质。政府给他们的排污权限制是每年排污量为300吨。如果这两个厂进行交易，钢铁厂以500万元的价格购买造纸厂的100吨污染权。这样钢铁厂每年可排污400吨，造纸厂每年可排污200吨。这两个厂排污总量没有变，对环境的影响没有改变。那么允许这样排污权的交易还有什么影响呢？

我们假设这两个厂减少污染排放的成本不一样。钢铁厂由于生产技术特点，减少排污成本甚高，比如减少100吨污染的成本需要600万元。造纸厂采用减排新技术的减排成本低，减少100吨排污仅需400万元。当双方以500万元100吨排污权的价格达成这笔交易时，对钢铁厂而言，多排100吨污染节省了600万元，购买这100吨排污权花了500万元，增加收入100万元。对造纸厂而言，少排100吨污染增加支出400万元，但以500万元卖出这100吨污染权，也增加收益100万元。

从社会的角度看，重要的是把排污量确定为600吨，至于这个量在企业之间如何分配是无关紧要的。当政府确定排污总量之后让企业按市场原则进行交易，就是按市场机制来配置资源。这就可以使社会资源配置实现最优化。无论最后的污染总量在企业之间如何分配，只要存在排污权交易市场，最后的配置一定是最有效率的。在我们以上的例子中，两个厂排污权的交易产生了200万元的收益，等于减少了排污成本200万元。这当然小于不允许交易时的情况。

允许企业交易排污权和庇古税或管制的方法是相同的，都是把负外部性内在化，迫使企业自己解决污染问题，即企业要付出成本。这就把社会成本私人化。与庇古税和管制相比，采取允许企业交易排污权还减少了政府用于征税和管制的支出，也受到企业的欢迎。现在这种方法已成为欧美各国的普遍做法。我国也正在采用这种方法。可见市场化也是解决市场失灵的方法之一。

政府定价也是价格手段
——应对全球变暖

2018年的诺贝尔经济学奖授予美国经济学家罗默和诺德豪斯是一种有趣的平衡。这两位经济学家都是研究经济增长的,但研究的方向完全不同,或者说是互补的。罗默早在20世纪80年代就提出"内生增长理论",说明科技如何推动经济增长,成为经济增长的主要动力。他讲的是经济如何增长。诺德豪斯一直在研究经济增长如何引起碳排放增加,从而引起全球变暖。他讲的是经济增长的不利影响。诺贝尔经济学奖同时颁发给他们两人告诉我们,经济可以增长,但要关注经济增长带来的不利影响或外部性。这正是对经济增长利弊的一种平衡。

碳排放引起全球变暖的"温室效应"是自然科学家研究的结果,并非诺德豪斯的贡献。他的成果是研究如何用经济学的方法来解决全球变暖的问题。

工业革命是以碳为基础的能源,如煤、石油、天然气等为动力的。这些能源大量使用就会排放出大量二氧化碳。当排放量不多时,自然界的平衡体系可以吸收它,不会对人类社会带来危害。但工业革命之后,经济迅速增长,自然界无法吸收、消解这么多二氧化碳,于是它存留在大气中对气候产生了越来越严重的恶果。最重要的就是全球气温上升,这种过程被称为温室效应。这会改变人类社会的生存平衡和社会平衡,造成灾难性后果。许多科幻灾难电影预示了这种恶果，如海平面上升、全球气候突然变化、灾害增加、生物灭绝等。但这种变化在长期中才能显示出来，所以人们浑然不觉，这就如同人进入一个无法预测的气候赌场不知输的后果还悠然自得呢！

许多人也看到这一点，但他们把解决这一问题的希望寄托在技术身上，如人类寻找适应全球变暖的方法、进行改造环境的地球工程、用转基因技术培养专吃碳的树，或者开发能吸收并储存碳的技术等。但这些技术或者以现有技术手段无法实现，或者代价太高，人类社会承受不了。

诺德豪斯是经济学家，他提出的是用经济方法来解气候问题，走出气候赌场。这种方法的基本原则就是实现减排的成本与减排的收益平衡，这就是把成本-收益分析运用于解决全球变暖问题。成本是现在支出，收益在未来，所以要把未来的收益价值折算为现在的价值，再与成本比较。

在运用这一经济方法时，关键是确定碳的价格，即排放1吨碳的价格是多少。排放碳有了价格，就可以鼓励企业开发减少碳排放的技术，并运用这些技术生产低碳产品和劳务。同时，碳有了价格，高碳产品价格上升，低碳产品价格下降，也可以引导消费者消费低碳产品和服务。而且，碳有了价格，也使开发低碳技术和产品成了有利可图的事业，社会和企业也会加大对这类技术的开发。

但碳并不是私人产品，它是生产中的负外部效应，有供给而无市场需求，无法在市场上形成价格。这时就要求政府为碳定价。政府定的价格也是价格，只要定得合理，同样可以起到和市场形成的价格一样的作用。

政府可以用两种方法定价。一种是碳税，即政府征收相当于碳排放的社会成本的税收，这种碳就是我们常说的"庇古税"。另一种方法是总量管制与交易，即政府确定一个排放总量，向排放碳的企业发放或拍卖排放许可证，并允许企业之间交易许可证。这种方法已在《京都协议书》中得到确认，在欧盟实际使用。诺德豪斯比较了两种方法的异同，提出一种把两种方法结合起来的方法，不过他本人更偏爱碳税的方法。他也提出由政府或国际组织确定一个国际碳价格。根据他的计算，这个价格应该为每吨碳 25 美元。

也许用这种方法还有许多细节要研究，但用政府定价解决全球变暖的思路是对的，要不，他怎么能获得诺贝尔奖呢？

灯塔经济学
——产权问题

灯塔是经济学家常用的一个例子。不同的经济学家用灯塔来说明自己的某种经济学理论。所以灯塔经济学并不是经济学的一个分支，像行为经济学或信息经济学那样，而是围绕灯塔建立的各种理论。这里借灯塔经济学来介绍产权理论。

最早以灯塔为例建立自己理论的是英国剑桥学派经济学家庇古。他认为，我们消费的物品可以分为两类：私人物品与公共物品。私人物品是由私人企业生产并出售的产品。它具有排他性和竞争性。排他性是一种物品具有的可以阻止一个人使用这种物品的特性。竞争性是一个人使用一种物品将减少其他人对这种物品使用的特征。私人物品要购买才能消费，这样供求双方在市场上通过竞争形成均衡价格。私人物品由市场竞争定价，因此市场调节对私人物品是有效的。

但市场上还有另一类物品，例子就是灯塔。这种物品是公共物品，它并没有排他性和竞争性。这就是说，一个人利用灯塔并不能排除其他人也利用灯塔。而且一个人利用灯塔并不减少另一个人的利用，所以，某个港口有一个灯塔就够了，没有竞争性。消费者要利用灯塔不必花钱，灯塔的消费也不能通过市场竞争。私人提供灯塔并无人支付使用费，灯塔也无法在竞争中形成均衡价格，因此他们不能因提供灯塔而获利，也就不提供灯塔了。这种市场机制对公共物品起不到调节作用，公共物品供给缺乏的情况正是市场失灵的表现之一。但灯塔对保证航行安全是必不可少的，市场不能提供，只好由政府提供。市场失灵必须由政府干预来解决，于是就产生了公有产权。这就是说，私人产权解决私人物品问题，而公共物品要由公有产权来解决，公有产权的存在是合理的。

美国经济学家科斯以交易费用理论为基础论证了私有产权的必然性与合理性。他在《经济学上的灯塔》中根据对英国早期灯塔制度的研究证明了私营灯塔无法收费、无利可图的错误，证明即使对灯塔这样的公共物品，私有产权也是适用的，而且比公有产权效率高。张五常教授补充说明灯塔收费困难的原因在于公共物品中的搭便车，即利用了灯塔但不交费，解决的方法是由政府赋予私人专卖权，从而可以惩罚搭"便车"者。他们的观点是，对公共物品的收费是可能的，并不能由灯塔的收费困难引出由政府提供公共物品的必要性。公有产权并不必要，对公有产权的私有化是完全可能的。而且由于私有产权效率高，所以私有化是克服公有产权效率低的必由之路。科斯的产权理论为20世纪80年代之后西方国家国有企业的私有化提供了理论证据。因此，科斯获得了1991年诺贝尔经济学奖。

美国经济学家布坎南并没有用灯塔提出什么理论，但他的俱乐部理论对解决灯塔的产权还是有启发的。他认为，有些物品既不是纯粹的私人物品，又不是毫无排他性的公共物品，而是介于这两者之间，可称为俱乐部物品。比如某个俱乐部的游泳池。这种物品由这个俱乐部的成员共同享受，在内部没有排他性也没有竞争性。对外则有排他性和竞争性。这个游泳池由俱乐部的成员集体所有，称为俱乐部产权，它既不同于个人拥有的私人产权，又不同于政府拥有的公有产权，而是一种社团所有的集体所有制。这种所有制也是产权明晰的，俱乐部的每个成员都有其中部分产权。正如合伙制企业一样，灯塔就可以变成这样的俱乐部产品，实现俱乐部成员的共有，从而也克服了公有制引起的效率低下。

从以上的分析可以看出，对公共物品也可以通过不同形式实现产权明晰，并非像科斯说的那样只有私有制一种方法。有些情况下，政府的公有制还是必要的，例如海洋就无法私有，只能公有。有些公有制可以私有化，如一些中小型国有企业。有些则可以采用俱乐部所有，即部分人共同拥有。在企业中这就是股东共同拥有的股份制。明晰产权，提高产权效率的形式是多样的，哪种公共物品适于采用哪一种所有权制形式还要在实践中摸索。

圈地运动的意义
——产权明晰

16—18世纪，英国发生了大规模的圈地运动。资产阶级化的大地主把原来属于农民共有的土地占为己有，从事商业化的养羊。大批失去土地的农民流离失所，处境悲惨。空想社会主义的创始人托马斯·莫尔在《乌托邦》中指责这个时代是一个"羊吃人"的罪恶时代。

现在经济学家认为，在圈地运动之前，土地是农民的共有财产，比如一个村的土地由本村所有居民共同所有，并没有明确的所有者，并不属于任何一个人。每个人都有使用草地放牧的权利，每个人都不关心草地的维护。每个人都尽量多地在草地上放牧，但没人关心维护草地的事，因为维护草地的好处无法由他一人获得。这样一来，草地就会由于过度放牧和缺乏维护而退化，甚至荒芜。这就是人们经常说的"公有地的悲剧"。圈地运动正是要解决这个问题。解决的方法是用暴力强占土地，尽管这个过程是野蛮的、罪恶的，但却是当时产权明晰的唯一手段。市场经济的最基本前提条件是产权明晰。私有制就是当时产权明晰的唯一形式，尽管这个私有化的过程太残酷了。但正因为有了这个残酷的过程，建立了私有产权制度，开始了市场经济，才进入现代社会。市场经济带来的经济发展提高了所有人的生活水平，包括被从土地上赶出来的农民的后代。历史的进步就是这样残酷，无怪乎恩格斯也说，历史的进步是由恶推动的。

那么，什么是产权明晰？产权明晰只有私有化这一种形式，必然由残酷的暴行来实现吗？

产权又称财产权，指拥有某种财产的权力。产权是一个法律概念，完备的产权包括占有权、使用权、收益权和转让权。占有权是排他地占有的权力，一个人占有就排除了其他人占有的可能。使用权是在法律所允许的范围内自由使用财产的权力。这种自由是法律允许的自由，比如在我们国家，你可以用钱购买任何东西，但不能购买武器、毒品等法律不允许个人拥有的东西。再如你可以在土地上种任何法律允许的植物，但不能未经允许把农业用地变为建筑用地。收益权是可以获得由使用财产得到一切收益。转让权是可以把自己的财产权转让给其他人，如出卖自己的土地或购买土地，也就是财产权可以进行交易。

产权有了明确的唯一所有者，就可以降低交易费用，而且所有者对财产实现了权、责、利的统一，即有权占有并决定如何使用它。使用得好自己可以获益，使用不好自己要承担责任，这样他就会更有效地配置和使用资源。没有产权明晰，如公有土地那样，每个人都尽量多放羊而不管维护。有了明确的所有者，他就会适量放牧，并维护草地，以使它带来长期利益。有了明确的所有者就可以在市场上交易，使财产转到使用它最有效的人的手中。

但在这里我们要强调的是，产权明晰并不等于私有化。私有化是产权明晰的一种形式，但并不是产权明晰的唯一形式。产权明晰有多种形式，但在现代社会最重要的是股份制。在股份制企业中，有许多股东。每个股东有数量不同的股份。每个股东的股份就是他的产权。他股份的多少决定了在公司的权、责、利，即有多大决定财产使用和转让的权利，承担多大责任，以及获得多少收益。股份制是许多人合作，共同从事经济活动，又共担风险的一种好形式。而且，无论股东有多少，每个人的股权（即产权）都是清晰的，因此实现了产权明晰。

许多国家在改革中把产权明晰简单等同于私有化，使国家财产蒙受损失，少数人一夜暴富，结果走了弯路。我国用多种形式实现产权明晰，因此宪法中承认并保护多种产权形式的并存，既保护私有制，也保护其他产权形式。这是我国改革平稳而又有效的重要原因。

　　产权明晰不必是暴力掠夺的私有化。但英国当年是一个弱肉强食的暴力时代，这让农民受了许多不该受的苦。这也是时代的局限性吧！

人为什么爱赌？
——人的非理性

每次世界杯或其他足球大赛期间，看球热闹，赌球更热闹，赌球的球迷远多于纯粹的球迷。其实没有世界杯之类足球盛事，赌徒们也在各地赌，在澳门赌场或拉斯维加斯赌场或詹姆斯·邦德去过的摩纳哥皇家赌场，哪里不是人头攒动？

那些赌徒明知赌的结局，赢者总是庄家或老千，但还以"小赌怡情"来辩解。还是电视剧《武林外传》中赌界前辈断指轩辕老太太对嗜赌而总输的白展堂说得好："我觉得，赌就是赌，没有大小。因为，赢了的还想赢，输了的就想翻盘。一旦赌得兴起就什么都顾不上了。只要上了赌桌，不管赌术高低，身家大小，不玩到倾家荡产，谁也别想收手。所以，叫久赌必输啊！"

赌徒绝不是理性人。按正统的经济理论分析，理性人是风险厌恶者，得到一笔钱带来的边际效用和丢掉一笔钱本来这笔钱能带来的边际效用是不同的。这是因为货币的边际效用和其他物品的边际效用一样是递减的，这就是说，随着你拥有的货币量增加的所增加效用，即边际效用是递减的。比如，货币从1000元增加到1001元这1元钱增加的边际效用，要小于从999元增加到1000元这1元钱增加的边际效用。用赌博来说，赢1元钱（从1000元增加到1001元）所带来的边际效用，要小于输1元钱（从1000元减少到999元）所带来的边际效用。理性人是风险厌恶者，就不应该参与赌博。

不过这种解释还不够完善。在人类历史上，赌博这种非理性行为从来就没有中断过，在一些历史时期还愈演愈烈。这首先在于对理性人的理解还不全面。理性人是利己的，体现在经济上就是要用自己既定的资源实现个人利益最大化。而且企图用最节约成本的办法实现这种最大化。在许多赌徒看来，赌博致富就是发财实现个人利益最大化的方法了。无论哪个赌徒都知道，赌博中大胜的总是个别幸运者，但当他们进入赌场时，都认为自己就是那个幸运者。亚当·斯密早就注意到人性的这个弱点。他在《国富论》中说："大多数人对于自己的才能总是过于自负。这是历代哲学家和道德家所说的一种由来已久的人类通病。但世人对于自己幸运的不合理猜测，却不大为识者所注意。要是可以这样说的话，对自己的幸运妄加猜测，比对自己的才能过于自负，恐怕还要更加普遍些。……每一个人，对得到的机会，都会或多或少地做了过高的评价，而大多数人，对损失的机会，做了过低的评价。"用这段话来解释那些赌徒的心态真是太恰当不过了。

用传统经济学理性人的假设来说明赌徒并不能令人信服，这就使人们思考：理性人的假说正确吗？如果正确，为什么人类包括赌博在内的行为无法完满解释；如果不正确，又应该如何解释。人类的行为实际上并不受理性人原则主导。现实中的人在许多事情上往往是非理性的，或者只是部分理性或有限理性。

这些非理性的行为还要用心理学来解释。美国经济学家丹尼尔·卡尼曼和弗农·史密斯把心理学引入经济学来分析人类行为，说明了许多传统经济学无法解释的非理性行为。这一研究开拓了一个新领域，使经济分析更接近现实。因此，他们二人获得了2002年诺贝尔经济学奖。在此基础上，美国经济学家理查德·塞勒建立了把心理学、社会学、经济学等综合在一起的行为经济学。行为经济学解释了许多人类非理性的行为。为此，他获得了2017年的诺贝尔经济学奖。问题继续深入，经济学家认识的人的心理及由此决定的选择，又是由大脑活动引起的。所以开始建立神经经济学或称大脑经济学，把行为经济学建立在这种神经经济学之上。这种研究正由经济学家、社会学家、人类学家、心理学家和神经学家合力推进。如果将来有了突破性结果，一定可以获得诺贝尔经济学奖。

赌博和其他非理性行为说明了传统经济学的缺陷，也说明了以传统经济学为基础的市场经济的内在缺陷。经济学的发展更接近于现实，对世界的认识更深刻，也更值得我们关注。

人类行为的非理性
——行为经济学

那是五十多年前，我在东北林区工作。有一次，当地林业商店的经理来找我。他说，店里进了一批白糖卖不出去，眼看夏天快到了，再卖不出去就变质了。你是学经济的，能不能给我想个招儿。当年物质短缺，"要吗没吗"，但林业局用木材换了不少白糖。然而当地人吃糖并不多，糖不算紧缺。我告诉他，你在商店门口贴个告示，写上："本店新进白糖，每户限购两斤，凭本购买，欲购从速。"告示贴上不久，白糖就卖完了，甚至还有人请这位经理多批几斤。

学习了行为经济学，我才知道，其实我五十多年前是做了一个行为经济学实验。在不缺白糖的情况下，入夏前买白糖并不理性。但在总体物质短缺的情况下，人们喜欢储备各种物品。当时我家也储备了不少白糖、肥皂、洗衣粉等。若说物质丰富自由购买，人们反而不买。但讲凭本限购，人们会认为这种物品短缺，何况凭本购买也是一种权利，放弃就是损失。在那种环境下，把滞销的东西作为限购的东西，人们就会有这种非理性行为。

传统经济学假设人是理性的。其实在现实世界中人的大量行为是非理性的，如在入夏前买并不吃的白糖。许多人早就对这种理性假设提出了质疑。1978年诺贝尔经济学奖的获得者西蒙就提出了有限理性说，认为人的理性是有限的，只能实现"比较满意"而不能实现"最优"。卡尼曼和弗农用心理因素来解释非理性行为的原因，这是行为经济学之始，以后塞勒又完善了这一理论。行为经济学把经济学与心理学结合起来，更好地解释了人的行为。他们都获得了诺贝尔经济学奖，说明行为经济学在当代经济学中的重要地位。

行为经济学认为，现实中的人是普通人。他们在许多方面，行为可能是理性或接近理性的。但他们也有许多非正常的心态，会做出非理性的行为。比如，他们是健忘的、冲动的、困惑的、有各种感情的，甚至目光短浅的。这就使他们有时会做出非理性的行为。例如，大多数人过分自信，这才会在股市上做出错误决策。许多人过分重视生活中的细枝末节，抓住芝麻，丢了西瓜。人们还不愿意改变自己已形成的观念，面对推动社会前进的变革产生怀疑，甚至抵制。不少老人拒用手机的各种功能，还不是不能学，而是不愿学，有一种畏难或抵制的心理。

行为经济学主要用心理学的实验方法，通过大量的调查、观察和实验分析人的非理性行为，得出了不少有意义的结论。

举个例子，行为经济学家做了一个实验，找任意两个互不认识的人，给他们100美元。实验是，他们俩掷硬币，胜者决定这100美元的分配方式，输者决定接受不接受这个分配方案。如果输者接受胜者提出的方案，各自拿自己分到的钱走人；如果输者不接受胜者的方案，他们只能留下钱而去。

大量实验的结果表明：如果胜家提出他拿80元或90元，剩下20或10元给输家，这个方案就会为输家否决，双方都拿不到；如果是胜家提出自己拿60元左右，输家就会接受，俩人都拿钱而去。按传统理性假设说，输家拿得再少也有收入，人家胜家掷硬币赢，就该多得，所以什么方案都该接受。但事实上，胜者多拿一点，输家认可；若拿得太多，如此不平等，他宁可自己一分不拿也不能让赢家拿那么多。这就是人要求公正的心理。这个实验让我们认识到公正的重要性。在效率与公正的关系中，没有公正就没有效率。对于社会来说，要设计出兼顾效率与公正的政策。对企业来说，在设计企业的激励机制时一定要考虑企业内各种职务的人之间的公正性，这样激励机制才有效。

  由于人行为的非理性会给个人和社会带来损害,所以政府和社会要指导人们做出正确决策,塞勒把这称为"助推"。现在网上受金融诈骗的人不少,政府和电视上经常揭露骗子的诈骗手法,以及形形色色的骗局,这就是一种十分有意义的"助推"行为。当年我那个卖糖的行为经济学实验,如果有人"助推"一下,揭穿我是商店经理的朋友,也是他的"托儿",这个促销计划就"泡汤"了。

道德风险与逆向选择
——信息不对称的后果

在二手车市场上,卖家比买家了解的信息更多,他了解更加详细的车况,比如车有过什么严重的损伤,尽管可以修复让买家看不出来,但卖家知道受过损伤的车对行车安全的影响。买家只能看到车表面的状况,对车受损的情况并不知情。在这种情况下,卖家就可以把受过损伤的车伪装成好车卖给买家。这种情况称为道德风险,即道德并不能保证卖家不损人利己,把坏车作为好车出售。

买家不知道哪一辆车是受损害的坏车,但他知道卖家不可信,他们会把受过损的车装作好车卖出去。这时买家就会认为二手车市场上每一辆车都有可能是坏车,从而不肯为二手车支付合理的价格。这就引起有好车的车主不肯拿到二手车市场上卖,从而在二手车市场上卖的都是坏车。这种情况是逆向选择。逆向选择正是由道德风险引起的。

在1970年发表的《柠檬市场:质量不确定性与市场经济》这篇开拓性论文中,美国经济学家乔治·阿克洛夫提出了信息经济学的基本观念。

信息经济学的核心是信息的不对称性,即市场上双方拥有的信息是不对称的。可以说,社会上有两种信息。一是公开的信息,每个人都可以免费获得,比如二手车市场上,车的型号、外形、颜色等是人人可以看到的。另一种信息是隐蔽性信息,或称私人信息,是不公开的信息，你要付出代价搜寻、收集、整理才能得到。而且，在更多情况下，甚至你付出代价也得不到。比如二手车市场上每一辆车内部受损的情况，严重程度等等。卖家在卖车时不会告诉你这些信息，甚至你付费也得不到。隐蔽性信息的存在就使市场上买卖双方信息不对称。卖家拥有二手车的隐蔽性信息，买家并没有这种信息，卖家就可以利用自己的信息优势欺骗买家，这就产生了道德风险。买家为此而出低价的行为使好车退出市场，逆向选择就出现了。这种情况普遍存在。如医疗保险市场上，投保人隐瞒自己身体的真实情况企图骗保是道德风险，保险公司认为所有投保人都有道德风险，从而不愿为65岁以上的人保险就是逆向选择。

在这种信息不对称，存在道德风险和逆向选择的情况下。信息多的一方就可以欺骗信息少的一方。如厂家隐蔽自己的产品缺陷，用广告传递虚假信息，让消费者上当受骗，在金融市场上，金融诈骗者用各种复杂的投资项目和高回报来诱使不了解这些投资项目真相的公众受骗等。市场经济完善运行的前提是买卖双方信息对称。过去市场经济理论假设信息对称是理所当然的，这样就可以实现资源配置最优化的市场均衡，但信息经济学证明了，信息对称是不存在的，在这种情况下所形成的不是市场均衡而是诈骗均衡，市场经济无法使双方获利，而是一方诈骗另一方。这就是市场经济本身的内在缺陷。信息经济学的结论是，市场并不是天然完美的。

解决市场不完美的方法就是国家干预市场的运行。比如广告法规定企业在广告中必须如实告诉产品的优缺点，不能扩大产品的效用，不能用虚假的信息欺骗消费者等。仅有各种立法还是不够的，政府要监督企业行为和市场运行，如各国的食品药品监督管理局都是为此而设立的。

在市场层次上，企业也可以自己起到沟通双方信息的工作。如二手车市场可设立汽车检测机构，对进入二手车市场的汽车进行检测，并告诉买家，让他们放心买二手车；也可以设立赔偿制度，对受害的买家进行赔偿；还可以把企图在二手车市场上卖坏车的卖家列入黑名单；等等。

信息不对称的另一个结果是公众由于缺乏信息而受骗。这不仅要有政府保护，还需要公众自我保护。不了解的产品不买，不了解的项目不去投资。不要轻易上当，要识别出假信息。

信息经济学不是纯理论，它对市场经济的更完善运行，对公众不上当受骗，都具有现实意义。

东床坦腹的潇洒
——发信号的方式

记载魏晋时文人雅士行为的《世说新语》中记载了一个故事。东晋时郗家是名门望族,王家也是。当时婚嫁一定要门当户对。郗家有一待嫁的女孩,想在王家找一女婿。于是郗太傅写信给王丞相表达了这个愿望,王丞相请他来王家任意挑选。郗家派一门生去,门生回来汇报说,王家的孩子个个都好。郗家小姐乃当时有名的美女,王家弟子听说是来选婿,个个装得人模狗样,"咸自矜持",只有一人在床上"坦腹卧",完全不在乎。郗公说,就是这个人了,于是嫁女给他。这个人就是著名书法家王羲之。"东床快婿""东床坦腹"这两个成语都由此而来。

从经济学的角度看,这个故事讲的是如何向别人传递自己或真或假的信息,以达到目的。传递信息称为发信号。再以婚姻为例,在婚姻中双方信息是不对称的,为了找到最佳的配偶,你就要向另一方发信号,让对方接受。当然,在恋爱中,双方都会发或真或假的信号。例如男女都把自己装成俊男倩女,如同菜上市前用水洒一下显得新鲜一样,同时也要装出落落大方的样子,等等。由于假信息太多,有时需要媒婆为双方传递信息。不过第三方媒婆也不见得能传递真实信息,因为促成双方的婚姻对媒婆是有利的,或是物质利益或是心理满足。在这个故事中,王家子弟都希望能得到漂亮的郗家小姐,他们也都知道,双方的门第财富是公开的,不用通过发信号来传递。作为贵族之家，郗家还是希望所选的女婿有贵族气质。各位王家公子"咸自矜持"正是要发出自己具有贵族气质的信号。可惜这种气质是装出来的，被经验丰富的郗太傅识破了。王羲之装出一副满不在乎的样子，好像天涯何处无芳草，何必死吊在郗小姐一棵树上。在郗太傅看来，这种无所谓的态度才真正是贵族气质。"是真名士自风流"，贵族气息是装不出来的，"矜持"就有点装了。王羲之的成功正在于他以让人相信的方式发出了令人相信的信息。

发信号就是要用一种正确的方式把自己想表达的信息发出去，让别人相信。方法不对，真信息别人也不相信；方法对头，假信息也能骗人。骗子设的骗局中有一种称为"杀熟"，就是骗朋友或骗朋友的朋友。一般人相信朋友，这样假信息就容易被接受了。当然这种信号也只能骗个别人、骗一时而已。

有时信号是无意发出去。一家公司正在招聘，应聘者甚众。每个应聘者都交了简历，简历就是向对方发信号。每个人在简历中都把自己吹嘘一通，如声称自己当过学生会主席。但当一个学校的毕业生有数十人发出这样的信号时，还会有人相信吗？这时一个应聘者看见地上有张废纸，就不出声地捡起来了，实际上他是无意中发了一个信号。但这家公司的主管正好看见他的这一举动，马上决定聘用他。这个人的这个捡废纸的信号传递了他认真、从小事做起的优秀品质。他并无发信号的意思，但传递了真实的信息。这是由于这个应聘者的品德修养好，做这种好事已习以为常。招聘公司的人正是从这个无意的信号中看出了他优秀品质的信息。其他应聘者根本没在意这种小事，只在不断吹嘘自己发假信号上下功夫，这种假信号没人信，又有什么用？有时发信号往往是无心的，正如王羲之在床上坦腹和这位应聘者捡废纸一样。但能发这样的信号正是平时形成的品德、修养的结果。所以，发出正确的信号还不在于找让人相信的信号，而在于一个人正常的教养。这些不是能装出来的。许多骗子想方设法发出让人相信的信号，但既然是心怀不轨的骗子在发的假信号,总会有马脚露出来。受骗者无非财迷心窍,不去分辨而已。

市场上的双方,一方发出了信号,另一方就都要辨别、判断真伪,决定自己是否接受。另一方的这种行为我们称为信息筛选。下篇文章就是关于信息筛选的,也是从一个故事开始,不过是现代故事了。

如何判断女士的年龄
——信号筛选

有一年去成都开会。我们那一组都是年龄相近的中老年男士，大家聊得十分开心，冷落了一位看似20余岁的女士。到青城山玩儿时，她问我，为什么把她撇在一边。我说，你是共青团一代，与我们没什么共同语言。她说，我都40多岁了，女儿也共青团了，哪还有那个好时光。我看着她那张娃娃脸、披肩发和苗条的身材，连说不像不像。她告诉我判断女士的年龄别看脸蛋和身材，要看手。我看她那双手，尽管不能说饱经沧桑，却也是青春已过。

一个女士可以用多种信号——容貌、头发、身材、言行等——来有意无意地显示自己的年龄。但容貌可以化妆，甚至美容，头发可以染，身材不一定与年龄相关，言行更可以装嫩。这些信号都可以做假，唯独手是无法掩饰的，这才是判断女士年龄可信的信号。当然判断出来了也不必说破，对所有女士都要夸年轻，称美女。

在现实世界中，我们要根据信息做出决策。但信息量特别多，且真假信息难以辨别。如何通过不同的信号来判断信息的真伪，找出最关键的真实信息是最重要的。在信息经济学中，辨别信息真伪，找出关键信息称为信号筛选。比如对女士来说，手就是真实而关键的信号。

这种消息筛选十分重要。过去我到企业时，听领导讲营业额如何、利润率多少，讲得头头是道。但没过多久，这些企业就倒闭了。

看来他们当年提供的都是假信息。后来我找到了企业真实而关键的信号,那就是他们卫生间的状况。如果一个企业卫生间装修得很高档,但却脏乱差,这个企业在管理中一定存在不同的问题。连卫生间也管不好,何谈整个企业?这样的企业不垮也快了。如果一个企业,卫生间的装修并不豪华,但干净有秩,整个企业也是有序运行的。为什么卫生间能发送真实信息的信号?这就在于其他信息都可以做假,但无人注意卫生间。管理混乱的企业当然更不管卫生间,但管理有序的企业,不用管,卫生间也会干净。有时无人注意的细节才是传递真实信息的信号。

对宏观经济形势的判断也是这样,不要太迷信统计数字,还是找真实信号。前些年有个美国经济学家,根据一堆或真或假的统计资料,判断那些年中国经济增长为2%,甚至有些年是负的。其实不用看统计数字,到中国来看看现实情况就什么都明白了。遍地林立的高楼大厦,川流不息的各种车辆,商店、饭店人满为患,大人小孩中胖子迅速增加,世界各旅游地点满是中国的大妈大爷,街上那一张张满面笑容的脸……不是经济增长了,人民生活好过了,能有这些信号吗?你不用去驳斥他的谬论,请他来看看中国的现实就可以。果然,他应邀来中国访问进行交流后改变了观点,盛赞中国改革开放取得的伟大成绩。现在连最反华的人也都肯定中国的经济成就,无非改为"中国威胁"而已。我们不强大,他们会感到威胁吗?

现在要特别关注信号筛选问题是因为互联网时代,骗子太多了,网上发的假信息太多了。骗子一次次得逞,善良的人一次次上当,一个重要原因就是除了人性的贪婪之外,就是善良的人不会信号筛选,把假信息当真信息。你不认真想一想,做一项投资的利润能有多高,给你20%甚至更高的回报可能吗?买个电饭锅就能治糖尿病,那医生不都失业了吗?吃点什么食物可以长生不老,且不说老是必然的,就算其中有防衰老的成分,你不要成吨吃才能有效吗?这样吃起来,你恐怕不到老就撑死了。这些信息的虚假性、骗人性,尽管经过伪装,有时还让迷人的美女发信号,但只要认真筛选一下就可以辨认出来。善良的人们啊，拿起信号筛选的工具，识破各种骗局吧！

  回到开头的例子。当她把识别女人年龄的关键信号告诉我，并伸出她那双失去青春的手时，我对她的敬意油然而生。告诉别人真实信息，发可信的信号是赢得别人尊重的唯一方法。

老太太与上班族的不同买菜方式
——信息搜寻的成本与利益

大家都会观察到，老太太与上班族的买菜方式是不同的。老太太买菜总是先把菜市场逛个遍，逐个摊位比较蔬菜的质量和价格，最后择优而买。有时甚至不惜多走点路去几个菜市场。上班族则要简单得多，就近碰到合适的就买。有时甚至不问质量价格在网上买菜。从经济学的角度看，老太太和上班族的行为都是理性的。

在经济学家看来，信息是人们做出决策的基础。但获得信息是有代价的，为获得信息付出的金钱和时间，就是寻找、整理、分析、判断信息的成本。这种成本称为信息搜寻成本，属于交易成本的一部分。信息当然会带来收益，信息越充分，决策越正确，收益越大，用在买菜上就是买的菜质量好而价格低。这就是信息搜寻收益。为增加搜寻信息而增加的成本是搜寻信息的边际成本。增加搜寻信息而增加的利益是搜寻信息的边际收益。使信息搜寻达到边际成本等于边际收益就是理性人搜寻信息的原则。按这一原则去搜寻信息就是理性的。

不同的人买菜的方式不同还在于他们的信息搜寻成本不同。这种成本就是我们说的机会成本。既包括搜寻信息的实际支出，如鞋子磨损或汽车油费，又包括消耗的时间，其中消耗的时间更重要。对一个已经退休颐养天年、无事可做的老太太来说，她的时间再无他用，这项成本就是零，也许逛菜摊让她散散步，碰上熟人聊几句,还是一种享受呢!当然,如果逛的菜摊太多,影响了做家务或者跳广场舞、打麻将,或者逛得疲惫不堪,这时信息搜寻成本就大了,所以她会花一定的时间在菜摊上收集信息,以便买到又好又便宜的菜。也许她并没有边际成本、边际收益这类概念,但她的边际成本绝不会高于边际收益。她买完菜哼着小曲回家就表明她实现了最大化。

上班族则不一样了,对他来说,时间就是金钱,因此他要计算信息搜寻所用的边际成本和得到的边际收益。我们假定他是一个记者,每小时写文章可得50元。他多逛一个小时菜摊的边际成本就是50元。如果他多关心这一个小时菜摊所搜寻到的成本可以使他获益20元(把质量也折合为价格)。边际成本就大于边际收益,绝对是非理性的。他不会把这一小时用在搜寻信息上,而是碰到一个菜摊,看看还可以,就不再去搜寻信息而是买了。

老太太和上班族买菜的决策都是理性的,因为他们都实现了搜寻信息的边际收益大于边际成本,最小也是边际成本等于边际收益。也许他们都不懂经济学,心中根本没有什么边际成本与边际收益,但他们在按本能在做事时实际上是无意识地遵循了这个规律。如果能懂点儿经济学,在搜寻信息和做其他事时自觉遵循这个规律,那岂不更好了吗?

我们说的仅仅是日常生活中的小事。现实中搜寻信息是正确决策的基础。所以对信息的搜寻包括收集、整理、选择、判断。尽管现在有了网络的方便,但这每一步还是要付出成本的,我们要降低交易成本,必须降低搜寻成本。信息很多,你不可能什么都要都收集,花的成本太大了。关键是要找到重要的核心信息,在许多信息中找出对自己最有用的。同时要判断信息的真伪。比如你要对一家公司投资,就要收集有关这家公司实力与潜力的信息,但特别要注意这家公司董事长的个人品质。如果这个董事长有过诈骗之事,那就要认真分析他送来的公司资料真还是假。如果这个董事长一向忠诚可靠,他送来的资料就可以作为决策的基础了。许多人上当就是忽略了一个关键信息——做事的人如何。

搜寻信息是一件大事。社会上许多公司就是帮助客户寻找、分析信息的。利用这些公司的信息是一种降低搜寻成本的方法。这和出去买菜钱先问问邻居哪个菜摊的菜又好又便宜一样。

哈韦路假设的破产
——公共选择理论

哈韦路是英国伦敦的一条街，英国政府官员与上层人士大多住在这里。哈韦路假设是指政府由这些一心为公而能力极强的精英组成。他们运用政府干预消除市场失灵实现资源配置最优化的观点正是以这一假设为前提的。

但是，战后政府纠正市场失灵中的种种失误使人们对哈韦路假设产生怀疑。他们真的是毫无私心地为社会服务吗？他们真的是超强吗？美国经济学家布坎南提出了公共选择理论解释这个问题，并提出政府失灵论。他由于这一贡献而获得1986年诺贝尔经济学奖。

公共选择理论用经济方法来分析政治过程，也称为政治经济学。政治决策过程与经济决策过程相似。政治中的民主制度就是经济中的市场制度。在民主制度中参与决策的是政治家、议员和选民。与经济中一样，这三种参与决策者都是利己的经济人。他们追求个人利益最大化的本性在政治领域中也不会改变。政治家个人利益在政治上的表现就是能连选连任，尽量长地居于决策者地位。议员是选民选出来的，但是在全民选举要靠金钱为基础的民主制度中，他们实际上是某个利益集团的代言人。在政治过程中，选民的选择是理性无知的，因为他们花费大量时间与金钱收集信息分析每一个决策对自己的利益关系，是不理性的，并非利益最大化决策。这就是说，他们尽管人多，但并不能在决策中起作用，他们的工作就是选出议员和政治家（总统）。这样在决策中起作用的就是政治家与议员。政治家提出政策而由议员决定是否能实施。当然，议员也可以提出议案建议。

在这种政治决策机制中，决定的政策就不一定能符合社会与公众的利益。举个例子，假设国家为了防御的需要，应该有五套反导系统。这就是说，如果购买第六套反导系统，所增加的安全程度（边际收益）小于为此而增加支付的费用（边际成本）。第五套反导系统时，边际收益等于边际成本，是资源最优的配置。但对政治家而言，反导系统越多，他获得支配的资金越多，权力就越大。而且他也许在选举时得到某军工集团的巨大的资金支持，增加反导系统，这个既得利益集团会继续支持他，在下次选举时再给他金钱支持。于是，政治家提出购买六套反导系统的政策建议。

这个政策要得到国会中大多数议员的同意才可以实施。议员代表不同利益集团，既有军工集团也有其他集团。议员们由这些不同集团出资金支持才能当选，所以他们在国会投票时只考虑增加第六套反导系统对自己代表的利益集团的利益和自己能否得到这个利益集团的支持继续当选。但议员也不是什么都懂，对增加第六套反导系统的利弊并不明白。这时政治家或利益集团的游说集团就会告诉他。敌人的导弹进攻能力有多强，对我们的威胁远不是五套反导系统可以对付的。他们会拿出照片及种种数据分析说明敌人之危险。任何利益集团都不会不关心国防，于是大多数议员就会支持购买第六套反导系统的政策。此时，议会中各议员之间也会达成某种妥协。代表非军工集团利益的议员也会同意与自己无关的购买第六套反导系统的政策，支持军工利益集团，以换取以后代表军工集团的议员支持有利于自己的利益的集团而与军工集团无关的政策。这是一种有利于双方的交易。

这样，购买第六套反导系统的政策通过了。但第六套反导系统的边际收益小于边际成本，资源配置无效了。别以为这是讲故事，现实中美国和平时期国防开支剧增，财政赤字严重的原因正在于此。

市场机制的确有许多内在缺陷需要政府干预，但公共选择理论又说明政府失灵的存在。经济学家处于两难处境。这就是现代社会经济与政治制度的矛盾。现实中只能在两难中找到一条折中之路，两相权衡，取其利多弊少者吧！

怪胎馒头办的设立
——寻租理论

几乎对所有人来说,"馒头办"都是一个闻所未闻的名词。但在世纪之交,河南省郑州市的确有过这么一个正处级机构。

河南人爱吃馒头,馒头行业发达,当然良莠不齐,会有劣质馒头上市。如果按政府说,设立"馒头办"是为了保证馒头质量,这未尝不是一件好事。但实际上它做了什么呢?据《南方周末》报道,"馒头办"规定生产馒头的企业要在市、区两级"馒头办"办许可证。在市"馒头办"交1000元,在区"馒头办"交1600元。不仅如此,"馒头办"还规定,得到许可证的企业要在指定的面粉厂买面粉,每月购买量不得少于600袋,每袋比市价高0.5元,上交"馒头办"。而且面粉厂每卖1袋面粉还要向"馒头办"再交0.5元。围绕每袋面粉上交的1元,市、区两级"馒头办"争抢分配比例。做馒头能赚多少钱?生产馒头的企业苦不堪言,但市场上的馒头质量并没有什么改进,用老百姓的话说是"该咋的还咋的"。

市场经济需要政府用各种法律或法规监管,但这种监管是为了保护消费者的利益,规范市场行为。如果借监管之名来实现政府某些部门或官员的个人利益,那就是违背了市场经济的精神,也违背了政府为人民服务的宗旨。但"馒头办"并不是个别现象,据报道,山西曾出现小学墙倒塌压死学生的事件,所以各个县成立了"墙皮办",说来是为了保护学生,实际变成"墙皮办"官员敲诈学校的手段。如果不是媒体及时曝光，不知还会出现多少"某某办"。

这种政府借监管谋私利的行为在各国都曾经出现过，现在也没绝迹，无非变换手段而已。早在1967年，美国经济学家戈登·塔洛克就注意到政府用创造垄断或其他方法谋利而造成市场效率损失的事实。1974年，美国经济学家安·克鲁格把这种情况称为"寻租"，并建立了寻租理论，分析了政府在建立垄断、国际贸易中的进出口限制以及监管等方面的寻租行为，以及这种行为给社会和公众带来的严重损失。20世纪80年代，我国经济学家吴敬琏先生把这种理论介绍到国内，并用来分析当时存在的各种寻租行为。

寻租是通过非生产性活动而获利的活动。包括私人寻租与政府寻租。私人寻租就是私人集团通过游说行贿或政府献金（为政党的活动或竞选提供资金）来获得某种垄断的权利或特许权，通过有利于自己的某些政策或补贴来实现自己的利益。这种寻租活动能否成功还取决于政府，所以本质上也是政府在寻租，无非主动的一方是私人。政府的寻租是利用监管、审批等政府的行政手段寻租。政府监管中企业是被监管者，政府是监管者，但如果政府官员受贿，发放不利于市场不利于公众的许可证，甚至按行贿者的意图办事，或帮企业打击竞争对手，这时被监管者企业就成了俘获者，俘获了政府官员为其服务，而监管者成了被俘获者，按其意志办事。这就是本来监管中政府与企业是猫鼠关系，猫应该抓鼠，但被俘获后颠倒了，猫为鼠服务。其结果鼠的恶行更有恃无恐了。所以寻租是市场经济正常运行的最大危害，是市场经济效率最大的损失。

郑州的"馒头办"是一种典型的寻租行为。它的成立以及做出的领取许可证、规定面粉的采购，称为设租行为，即设计出看似合法的寻租方法，再以这种方法获得租金就是收租了。

消除寻租的一种方法，就是严惩寻租者。美国新闻界20世纪30年代针对官员腐败的行为，掀起专找官员受贿丑行的"扒粪"风暴，政府也通过了相应的立法采取严惩手段，寻租之风得以抑制。我国的新闻曝光和政府雷厉风行的反腐行动也有效抑制了"馒头办"

之类的寻租活动。

不过只要政府有权力,寻租就难以绝迹。因此更重要的是政府权力不要太大,管得不要太多。该管的要管好,但该放开的就要放开。即使没有寻租,但事事都管,什么都通过审批,政府官员可以决定企业兴亡,也是不当的。